图说武当秘技系列

武当太极擒拿手

钤丽兴 著

人民体育出版社

图书在版编目（CIP）数据

武当太极擒拿手 / 钤丽兴著. -- 北京：人民体育出版社，2022
（图说武当秘技系列）
ISBN 978-7-5009-6127-7

Ⅰ.①武… Ⅱ.①钤… Ⅲ.①武当太极拳-擒拿方法(体育)-基本知识 Ⅳ.①G852.11②G852.4

中国版本图书馆CIP数据核字(2021)第260427号

*

人民体育出版社出版发行
北京中科印刷有限公司印刷
新 华 书 店 经 销

*

880×1230　32开本　7印张　180千字
2022年11月第1版　2022年11月第1次印刷
印数：1—3,000册

*

ISBN 978-7-5009-6127-7
定价：32.00元

社址：北京市东城区体育馆路8号（天坛公园东门）
电话：67151482（发行部）　　邮编：100061
传真：67151483　　　　　　　邮购：67118491
网址：www.psphpress.com
（购买本社图书，如遇有缺损页可与邮购部联系）

丛书绘图组

高　翔　　丁亚丽
高　飞　　郭成敏
高　绅　　李梦瑶

总 序

2017年1月25日，中共中央办公厅、国务院办公厅印发了《关于实施中华优秀传统文化传承发展工程的意见》（以下简称《意见》），并发出通知，要求各地区各部门结合实际认真贯彻落实，体现了党和政府对中华优秀传统文化的重视。

在国民教育方面，《意见》提出，加强中华优秀传统文化相关学科建设，重视保护和发展具有重要文化价值和传承意义的"绝学"、冷门学科。在保护传承文化遗产方面，《意见》提出，推动民族传统体育项目的整理研究和保护传承。

中华武术有着数千年的发展历史，是中华民族在社会实践中创造的宝贵财富，是中华文化的重要组成部分。武当武术作为"内家之宗"，在武术爱好者中具有较高的认知度。正是基于此，我们策划了这套"图说武当秘技系列"丛书。丛书先期面世的有《武当秘传养生功》《武当道家八段锦》《武当太极擒拿手》《武当秘传点穴手》《武当大力鹰爪功》5本。

本套丛书种类齐全,既有养生法,又有技击术,还有大力功,精心选取与展现了丰富多彩的武当诸派秘技;注重练法,注重实效,突出"图说",简明扼要,便于阅读和学习。丛书编写者都是武当武术相关的专家、学者、教授,他们既有自身体验,又有教学经验,既有很高的技术水平,又有很深的学术造诣。当然,不足之处在所难免,欢迎读者批评指正,以利今后进一步充实与完善。

内容提要

1. 张三丰太极擒拿手乃武当绝技。所谓太极擒拿手，就是以太极拳的抓、扣、缠、绕、捋、挤、提、按等手法，专门攻击敌方关节，轻可致敌手脚难动，关节疼痛；重可致敌筋断骨折，软瘫昏晕。太极拳演练起来，举动斯文，一旦动手擒拿，则"出手软如绵，上身硬似铁"，"扣如钢钩黏如胶，缠如金丝敌难逃"，"出手如使捆仙绳，任敌挣扎动不成"。

2. 民国武术家金倜生《太极拳图说》中，有武当太极拳九十四势，但金师在书中仅述此拳为武当太极拳，没有记载其师承何人。今结合金师《擒拿法真传秘诀》，把其太极拳中可用于实战之擒拿法，整理出来二十四手，故称此法为"金倜生太极擒拿手"。

3.《隐仙派擒拿要诀》曰："临敌动手，遇恶无情，如猫捕鼠；一动全动，一发全发，周身一家；静如处女，动如脱兔，行如猛虎；擒穴抒筋，如磁吸铁；缠绕旋转，如绳勒绞；发劲断骨，手到降伏。"隐仙派特别注重练习太极球，此功练就，双手力大超人，黏劲如胶，敌若被擒，极难逃脱。

4. 所谓"大擒拿",是指其技法复杂,劲法多变,手脚并用,可擒可跌,可伤可杀,非常高级。所谓"小擒拿",简称"小擒手",也叫"小手",是指其技法简单,劲法灵巧,出手直接,讲究突击,偏重奇袭,用好了可一招制敌。

5. 太极化擒手,俗称"脱手法"。金一明《太极拳与擒拿》载:"化擒手,乃太极拳技击重要之法,对于擒拿亦不可少。遇敌擒我,当即化手,其虽气力强蛮,亦不能拿下。随即顺势发力,或反拿,或用打。既可脱身,又可伤人,一举两得,岂不妙乎。"

目　录

第一章　张三丰太极擒拿手 / 2

一、太极起势 / 4

二、揽雀尾 / 5

三、单鞭 / 7

四、提手上势 / 9

五、白鹤亮翅 / 11

六、搂膝拗步 / 12

七、手挥琵琶 / 14

八、搬拦捶 / 15

九、如封似闭 / 17

十、抱虎归山 / 18

十一、十字手 / 20

十二、左顾右盼 / 21

十三、肘底捶 / 23

十四、倒撵猴 / 24

十五、斜飞势 / 26

十六、海底针 / 28

十七、扇通背 / 29
十八、撇身捶 / 31
十九、云手 / 32
二十、高探马 / 34
二十一、分腿 / 36
二十二、转身蹬脚 / 37
二十三、进步栽捶 / 39
二十四、打虎势 / 41
二十五、披身踢脚 / 42
二十六、双峰贯耳 / 44
二十七、二起脚 / 46

二十八、野马分鬃 / 47
二十九、玉女穿梭 / 49
三十、下势 / 50
三十一、金鸡独立 / 51
三十二、白蛇吐信 / 53
三十三、十字摆莲 / 55
三十四、指裆捶 / 56
三十五、上步七星 / 58
三十六、退步跨虎 / 59
三十七、转身摆莲 / 61
三十八、弯弓射虎 / 62

第二章 金倜生太极擒拿手 / 68

一、压腕手 / 70
二、拧腕手 / 71
三、捋腕手 / 73
四、制腕手 / 75
五、错颈手 / 77
六、锁喉手 / 79
七、拦喉手 / 80
八、扭颈手 / 82
九、压颌手 / 84
十、推颌手 / 85
十一、缠颈手 / 87

十二、控肩手 / 89
十三、缠肩手 / 91
十四、压肩手 / 92
十五、拿臂手 / 94
十六、断臂手 / 97
十七、缠肘手 / 98
十八、端肘手 / 100
十九、控肘手 / 103
二十、架肘手 / 104
二十一、担肘手 / 106
二十二、断肘手 / 108
二十三、牵肘手 / 110
二十四、扭肘子 / 112

第三章　隐仙派太极擒拿手 / 116

一、缠颈擒拿 / 118
二、锁喉擒拿 / 120
三、夹颈擒拿 / 122
四、拧臂错腕 / 123
五、翻身拧腕 / 125
六、拧腕转身 / 127
七、扭臂搂颈 / 128
八、锁肩擒拿 / 130
九、缠臂压肩 / 132
十、缠压折肘 / 133

十一、压肘擒拿 / 135
十二、截臂擒拿 / 136
十三、夹臂锁喉 / 138
十四、别肘擒拿 / 140
十五、压肘擒拿 / 141
十六、夹臂控肩 / 143
十七、拧臂锁喉 / 144
十八、扭臂压颈 / 147

第四章　武当太极小擒手 / 150

一、擒拿拇指 / 152

二、擒折食指 / 153

三、擒拧食指 / 155

四、擒撅食指 / 156

五、擒撅小指 / 158

六、擒推撅腕 / 160

七、擒扣撅腕 / 162

八、擒抱撅腕 / 163

九、别臂擒拿 / 164

十、锁臂擒拿 / 166

十一、绞颈擒拿 / 168

十二、撅颈擒拿 / 171

十三、拧臂劈颈 / 172

十四、缠肘压肩 / 175

十五、断颈擒拿 / 177

十六、圈扼脖颈 / 178

第五章　武当太极化擒手 / 180

一、化前抓发（扣手撅腕）/ 182

二、化后抓发（拨臂击颌）/ 184

三、化双锁喉（沉肘压臂）/ 185

四、化后抓肩（撩裆推颌）/ 188

五、化臂夹颈（扳脸抓裆）/ 189

六、化前夹喉（撩裆撞膝）/ 192

七、化后扣头（跺脚仰头）/ 194

八、化单拿腕（砍腕横肘）/ 196

九、化双擒腕（扳拳撬臂）/ 198

十、化翻拧臂（转身肘击）/ 199

十一、化翻扭臂（下坐踢裆）/ 200

十二、化前抓襟（扳肘压肩）/ 202

十三、化后抱身（撩裆捣肘）/ 204

第一章
张三丰太极擒拿手

三丰太极拳，相传为武当道士张三丰所创，是非常古老的武当内家太极拳，练法很多，如三丰原始太极拳、三丰原式太极拳、张祖太极拳、三丰内丹太极拳等，自树其帜。民国武术家金倜生《北腿入门·拳术之源流》载："武当派中，以太极、形意为主，其支派不可得知。其拳法，今其传者，亦不尽同。唯初时同出一源，固无分波此也。"

大致而言，三丰太极拳独具内家特色，内蕴武当秘窍，深含太极玄机。其招法含蓄，动形细腻，以静制动，善发暗劲，借力打力；沾身贴靠，抓筋拿脉，封闭穴道，擒敌无相，伤敌无形。

所谓太极擒拿手，就是以太极拳的抓、扣、缠、绕、捋、挤、提、按等手法，在交手时专门攻击敌方关节。轻可致敌手脚难动，关节疼痛；重可致敌筋断骨折，软瘫昏晕，是一门理法独特的技击术。

太极擒拿既有武术擒拿的共性，又有自己的独特之处，其动作别致，招式曲折，旋转缠绕，细腻多变；能以小取大，以弱胜强，以柔克刚。太极拳演练起来，举动斯文，一旦动手擒拿，则"出手软如绵，上身硬似铁"，"扣如钢钩黏如胶，缠如金丝敌难逃"，"出手如使捆仙绳，任敌挣扎动不成"。

要想手到擒来，一是要练好太极拳，掌握好技法，锻炼出功力，"由着熟而渐悟懂劲，由懂劲而阶及神明"。二是要了解人体各关节位置及其活动特点，针对其局限性，下手擒拿。

传说张三丰观鹊蛇斗，悟内劲，融武理，创太极，得大道。但现今武林对于三丰其人，以及他是否创内家拳、是否创太极拳、何时创太极拳等诸事，一直没有定论，相关文献不仅不全，而且差异很大，本书对此也不作详细探讨，请读者自行研究。

本章今就三丰太极擒拿举出战例三十八手，谨供同道参考。

一、太极起势

【用法举例】

1. 敌进步，用双手抓我前胸衣襟，或锁我咽喉。（图1-1）

图1-1

2. 我稍微后退，两掌猛地上掤敌肘关节。（图1-2）

图1-2

3. 接着，我双手从敌膊内上托，继外旋用掌按住其上臂，发掤按劲将敌两手打脱，化解敌揪胸。（图1-3）

图1-3

二、揽雀尾

【用法举例】

1. 敌左腿蹬踢我腹部。我左脚后退，沉身下蹲，成拗步势；同时，左掌内旋下按，截阻敌左腿。（图1-4）

图1-4

2．敌借势落步，右冲拳击打我面部。我左闪，右脚上步；同时，右掌上翻拦于敌腕外侧，左掌拦向敌肘外侧，并迅疾向右裹化。（图1-5）

图1-5

3．不等敌变，右手扣住敌腕，左掌按住其臂，向下捋劲。（图1-6）

图1-6

4．动作不停，我右脚向右后撤退一步，向右转体；同时，两手抖劲，致敌跌趴于地，并将其右臂控住。（图1-7）

图1-7

三、单鞭

【用法举例】

1．敌左脚上步，用左拳冲击我面部。我右脚后移；同时，上翻双掌向右拦截敌左腕、左肘。（图1-8）

图1-8

2．右手外旋擒扣敌腕关节并向右后牵引，左脚前移，左掌屈臂上提别住敌左肘。（图1-9）

图1-9

图1-10

3．身体左旋，右脚内扣，左手猛劲按压敌肩后，右掌继续擒转。（图1-10）

4.右手上提敌左腕，左掌继续按压敌肩，将敌擒伏于地。（图1-11）

图1-11

四、提手上势

【用法举例】

1.敌左步前进，左冲拳击打我面部。我右脚退步，左臂向右格敌左臂。（图1-12）

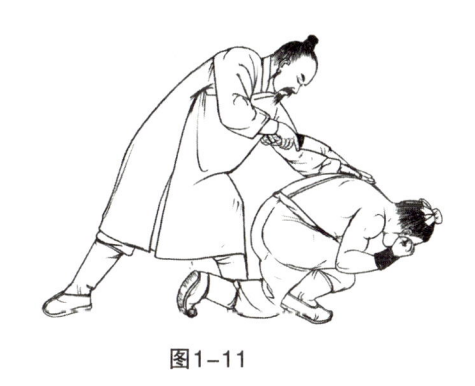

图1-12

2. 我左臂向右化劲，使敌拳从我右肩上方穿过；随即，右臂上提，格住敌左上臂外侧。两臂合抱，使敌势迟滞。（图1-13）

图1-13

3. 动作不停，右掌按住敌左肩向前提掤，扭压其左臂，将其擒伏。（图1-14）

图1-14

五、白鹤亮翅

【用法举例】

1. 敌滑步进身，用右拳冲击我腹部。我左脚退步，左掌内划向下拍按敌右腕，阻截其拳攻击。（图1-15）

图1-15

2. 左手扣握敌腕，左腿向敌裆前进步；同时，右掌前伸，从敌右臂下穿过，担举敌右臂外侧。（图1-16）

图1-16

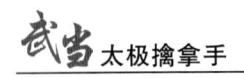

3．紧随着，左手握住敌腕下拉，右掌上掤捯劲；同时，右腿挺膝蹬力向前送劲，两手合力将敌擒拿。（图1-17）

图1-17

图1-18

六、搂膝拗步

【用法举例】

1．敌垫步进身，右踹腿踢击我腹部。我立即下沉右偏，左手下勾敌右腿。（图1-18）

2. 紧随着，左臂将敌右腿捞抱，左脚前移；同时，右掌顺势向前直击敌腹。（图1-19）

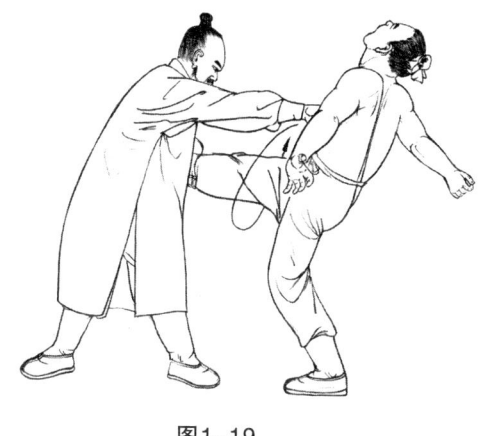

图1-19

3. 敌仰身以避。我则左手用力捞敌右腿控于左肩，右掌向下穿过敌腿，反掌按压其腿后，以前推劲致敌倒地。（图1-20）

图1-20

13

七、手挥琵琶

【用法举例】

1. 敌左手前伸，掐我咽喉。（图1-21）

图1-21

2. 我右手立即上抬抓握敌腕，拉伸敌左臂；同时，左掌顺势前伸刺击其腋部。（图1-22）

图1-22

3. 在敌受惊而懈力之际，我右手松开，左臂上抬向左反划，格击其左肘，将其掐喉之手化解。（图1-23）

图1-23

八、搬拦捶

【用法举例】

1. 敌右步前进，用右拳冲击我面部。我右脚速退，上体右偏；同时，左手上翻，反划格截其右腕。（图1-24）

图1-24

2．我左手抓握其右腕外搬，右脚紧随向前进于敌右腿外侧；同时，右拳前穿从敌右臂下绕过，迅速屈肘上提并向右外拦劲。（图1-25）

图1-25

3．动作不停，我右拳下砸敌头侧，伸直右臂；此时左手向下拉抖，不要松劲。如此缠黏不脱，将敌擒拿。（图1-26）

图1-26

九、如封似闭

【用法举例】

1. 敌垫步进身，右拳击我面部。我向后挪身，两掌交叉成十字手，向前托架敌右腕。（图1-27）

图1-27

图1-28

2. 动作不停，我左手抡旋抓扣敌腕；同时，右脚向敌裆前进步，两手合力前推，使敌右臂向上立起。（图1-28）

3. 随即，我右臂前伸，继向后挽臂缠住其右大臂，左手前推将其右手压至其背部。我右手继续屈肘反挂其臂，提拉其肩关节，将敌擒拿。（图1-29）

图1-29

十、抱虎归山

【用法举例】

1. 敌左进步，左拳冲击我面部。我左步迅疾后移；同时，右手上划拦截敌左腕。（图1-30）

图1-30

2．紧接着，左手上穿格化敌左臂外侧，滚卷缠旋扣抓敌左腕；同时，右脚上步于敌左腿外后侧方；右掌顺敌左臂前穿，搓过敌面部。（图1-31）

图1-31

3．我右臂反圈屈肘猛夹敌头，形成紧箍之势。随之，收紧右臂上提，增强箍颈之威力，将其制服。（图1-32）

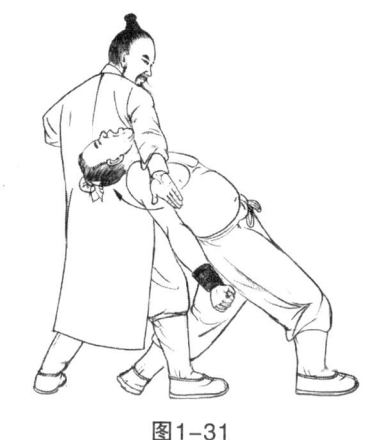

图1-32

十一、十字手

【用法举例】

1. 敌滑步进身，出右拳冲击我面部。我立即收左步，两手交叉成十字手，向前托架敌右腕，阻截敌拳攻击。（图1-33）

图1-33

2. 随之，我右手翻腕抓扣敌腕关节；同时，左脚进步于敌右脚内侧成锁步势，上体右旋；左肘顺势压敌肘关节，使其身前俯，难以动弹。（图1-34）

图1-34

十二、左顾右盼

【用法举例】

1. 敌前移右步，用左腿蹬踢我腹部。我立即沉身后坐，左手向下搂敌左小腿，将其攻势化解。（图1-35）

图1-35

2. 随即，我右脚上进于敌右脚前成绊锁势；同时，右掌向前推压其左大腿根部。（图1-36）

图1-36

3. 我左手提挂，将其推扑于地。（图1-37）

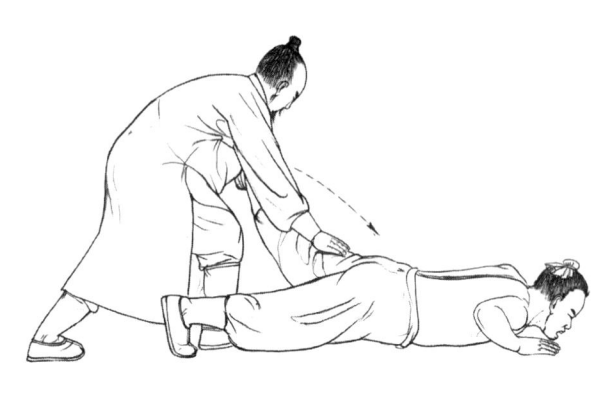

图1-37

4. 我紧随上步，向前俯身，两手握住其左脚踝部前推成折膝势，将敌左脚压于臀部，牢牢把敌控制于地。（图1-38）

图1-38

十三、肘底捶

【用法举例】

1. 敌用右手抓我左肩，或掐锁喉咙，或抓我衣襟。（图1-39）

图1-39

2. 我迅疾前移左步，左手屈肘上提，用左肘格化敌右臂，并使肘前顶。（图1-40）

图1-40

3. 接着，右拳自左肘下向前穿出，崩打敌心口，抖劲弹力将敌震跌而出。不但可化解掉敌之抓锁手，而且给敌以重创。（图1-41）

图1-41

图1-42

十四、倒撵猴

【用法举例】

1. 敌从我身后袭来，双手箍抱我双臂及上身。（图1-42）

2. 我迅疾双手屈肘，向两侧掤劲以解开敌双手，并上提捯化，使敌双手松开；同时，我右手下插，撩捞敌裆后。（图1-43）

图1-43

3. 紧随着，我沉身左转，左手抓住敌右腕向左、向右、向下拽带捯化；右手屈臂向上、向左、向右托架敌裆，把敌扛上我肩。（图1-44）

图1-44

4.动作不停,将敌向我左后方旋摔于地,左手紧握敌手不放,右手助力也抓敌右手,再起右脚踩住其右腋,把敌牢牢擒制。(图1-45)

图1-45

十五、斜飞势

【用法举例】

1.敌左脚上步,左拳冲击我面部。我左手迅速向上拦截敌左腕内侧。(图1-46)

图1-46

2. 随即，我左手向左下捋化，擒敌左腕；右脚向前上步于敌左腿后侧，身体前挺逼靠；右掌从敌左臂下向右前上方穿出，掤击其胸部。（图1-47）

图1-47

图1-48

3. 动作不停，右臂反捞缠抱敌胸，手掌扣按其右胁侧；同时，左手松开敌左腕，下伸捞敌左腿，猛力上撂，将敌仰跌，牢牢压制。（图1-48）

十六、海底针

【用法举例】

1. 敌用左手抓我胸襟，使劲推搡，旋扭欲摔。（图1-49）

图1-49

2. 我急忙沉身，稳固重心，左手抓握住敌左手背后拉，使其臂肘伸直而消化其劲。（图1-50）

图1-50

3. 动作不停,随即向左旋体,右手从敌左臂上侧下插,用右肘向外截格其左肘;同时,我左手握其左掌不放,紧压于我胸并向左旋拉,合力将敌擒拿,并可使其左肘骨折。(图1-51)

图1-51

十七、扇通背

【用法举例】

1. 敌进右步,右拳冲击我面部。我立即出右手拦截敌右腕外侧。(图1-52)

图1-52

2.随即，我右掌外捋，左脚进步，绊住敌右脚后跟；同时，左掌直接掤劲，击敌右肋。（图1-53）

图1-53

3.动作不停，右掌顺势扣抓敌腕，向我右下方捋拽旋扭，反扳其肩关节；同时，左掌上翻拍压敌肩后，令其身体前扑，跪地被擒。（图1-54）

图1-54

十八、撇身捶

【用法举例】

1. 敌右进步，右拳冲击我面部。我左脚立即后撤，右手上抬拦抓其右腕外侧。（图1-55）

图1-55

2. 接着，右手旋腕挒拽敌右臂，左脚上步绊于敌右腿后侧；同时，左手屈肘用前臂採劲。（图1-56）

图1-56

3．乘敌背势之际，我左手快速从敌右臂下上穿，捶击其颌，以左上挑挒劲与右下採挒劲而成双手绞错劲，将敌臂兜住，甚则折断其肘。（图1-57）

图1-57

图1-58

十九、云手

【用法举例】

1．敌左脚上步，左拳冲击我面部。我抬右手拦截敌左腕，左手屈肘立臂採挒其左肘。（图1-58）

2. 紧接着，右手抓握敌腕；同时，左手向下穿过敌左臂，顺势向上提肘。（图1-59）

图1-59

3. 动作不停，我右脚上步立身，左手圈臂缠住其左肘，右手握其腕旋推敌左臂使其上举，合力擒拿。（图1-60）

图1-60

33

二十、高探马

【用法举例】

1. 敌右进步，伸右手抓我胸襟。（图1-61）

图1-61

2. 我迅疾前上左步于敌右脚跟后侧，左掌前伸以扑面掌击敌面部，迫使敌右手松开。（图1-62）

图1-62

3. 敌扬左掌，挡我左掌。我左掌压盖其掌；同时，右掌以抖弹劲击敌左耳门。（图1-63）

图1-63

4. 乘机擒拿，我左脚猛退一步，左手顺势抓擒敌左腕，后拽上提，右手屈臂捋採其左肘。两手交错用力，使其身体前扑被控。（图1-64）

图1-64

二十一、分腿

【用法举例】

1. 敌步前移，左腿弹踢我胸部。我向后滑步，缩身避敌；同时，左手屈臂上抄捞住敌左小腿，右掌抓其脚掌。（图1-65）

图1-65

2. 随即，右垫步，左脚分腿蹬踢其腹。（图1-66）

图1-66

3.敌仰身避让。我左腿迅速跨过敌左腿，背对敌方，双手抱住敌小腿向上拉提，臀部猛力坐敌右膝，使其仰倒被控。（图1-67）

图1-67

图1-68

二十二、转身蹬脚

【用法举例】

1.敌从我身后用右手抓我右肩，坠肘沉腕，欲将我拉倒。（图1-68）

2. 我速将右脚后移半步，左脚在前以稳定重心；同时，左手上抬反抓敌右手掌背，右后拧腰翻转，用右肘反截敌右肘。（图1-69）

图1-69

3. 动作不停，继续向右转身，提起右腿蹬击其腹部。（图1-70）

图1-70

二十三、进步栽捶

【用法举例】

1. 敌方前移,用左弹腿踢向我右肋。我用右手拦截捋化,顺势以右臂抄抱敌左小腿。(图1-71)

图1-71

图1-72

2. 随即,我左拳栽击敌小腹。(图1-72)

3. 在敌受击痛楚难忍之际，我猛然将身体右转，左腿向后别其右腿，双手抓敌左腿向我右下横拉，将敌摔倒。（图1-73）

图1-73

4. 动作不停，我俯身以左膝顶敌左膝关节猛然下压，双手抱敌小腿上搬或里旋，折其左膝。（图1-74）

图1-74

二十四、打虎势

【用法举例】

1. 敌进右脚，左拳冲击我面部。我右脚向右侧摆跨，避闪其拳；同时，左掌划击其左臂外侧。（图1-75）

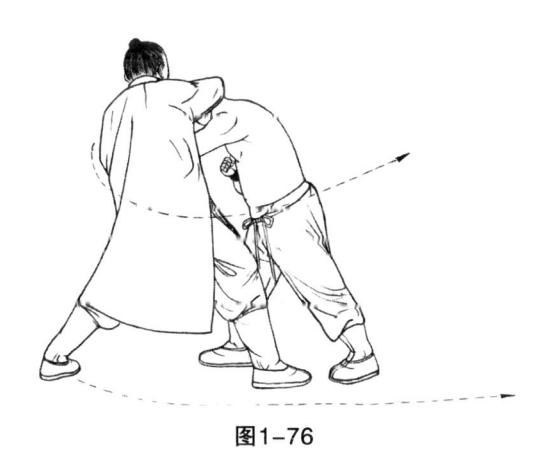

图1-75

2. 紧接着，右脚向右前上步，左旋体，右贯拳猛击敌脑后。（图1-76）

图1-76

3. 动作不停，左手扣抓敌左腕向下捋拽，左脚向右后退步转体；同时，右掌切压敌左肘，使其扑地被擒。（图1-77）

图1-77

图1-78

二十五、披身踢脚

【用法举例】

1. 敌垫步进身，右拳击我面部。我后滑半步，双掌前划拦截敌右臂外侧。（图1-78）

2. 接着，两手抓敌右臂，起左脚前踢敌头部。敌向下蹲身，避我左腿。（图1-79）

图1-79

3. 我左脚右摆过敌，以左人腿下压其右肩或右肘，或以左脚踩敌肩部，两手扭旋其腕上提，将敌右臂擒制。（图1-80）

图1-80

二十六、双峰贯耳

【用法举例】

1. 敌步前移,右拳击我面部。我速退右步,右手拦截其右腕内侧。(图1-81)

图1-81

2. 敌乘势前伸双臂抱我头部,提左膝提撞。我迅速沉身,低头含胸,双掌下按敌左膝。(图1-82)

图1-82

3. 动作不停，我双掌捋劲前掤，使敌膝下落，随即左脚进步，顺势上抬双掌夹击其左右耳门。（图1-83）

图1-83

4. 乘机擒拿，随之两手抱敌头颈，向右用力旋拧，扭折敌颈骨，重则致其当场伤瘫。（图1-84）

图1-84

二十七、二起脚

【用法举例】

1. 敌起左鞭腿，扫踢我右肋。我左脚后退，屈膝下蹲成歇步，两手屈臂向外合力阻截。（图1-85）

图1-85

2．双掌向下捋压，顺势扣抓敌腿；同时，左脚撩踢敌裆，致其重创。（图1-86）

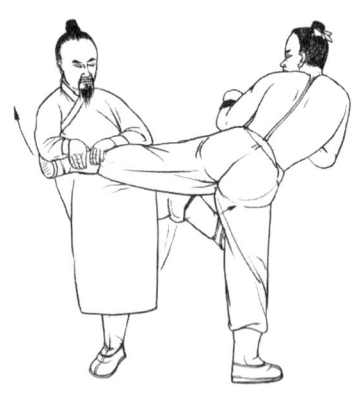

图1-86

3．动作不停，双手向外拉提其腿，左脚顺势再蹬住敌左胯下踩，如此上拉下踩，交错用力，将敌擒跌。（图1-87）

图1-87

图1-88

二十八、野马分鬃

【用法举例】

1．敌进右步，右拳冲击我面部。我向左撤步闪身，避其攻击。（图1-88）

2. 接着，我右手反划拦截其右腕，下採扣抓；同时，左脚上步于敌右腿之后，左掌反背甩击敌脸。（图1-89）

图1-89

3. 在敌忙于应付之时，我左掌从敌右臂内侧绕至其腋后，两手以绞扭劲将敌臂合力擒拿。（图1-90）

图1-90

二十九、玉女穿梭

【用法举例】

1. 敌上右步，用右拳击打我面部。我左掌上划拦截敌臂，随即左脚跨进敌右脚后侧，右掌虎口张开锁敌咽喉。（图1-91）

图1-91

2. 紧接着，左脚退步，右手顺势锁住敌咽喉向左侧旋推，左手扣抓敌右腕向左后旋拉。继之左转身，右脚随转体向左侧进步，将敌摔跌于地。右手五指扣力不放，既可牢固控制敌方，一旦加力又可致敌窒息。（图1-92）

图1-92

三十、下势

【用法举例】

1. 敌出右踹腿,踢我面部。我右脚迅速后移,屈膝下蹲成左仆步,避敌攻击。(图1-93)

图1-93

2. 随即,我两脚前滑,前伸双手抓敌左脚踝部,起身上提,致敌转身前扑。(图1-94)

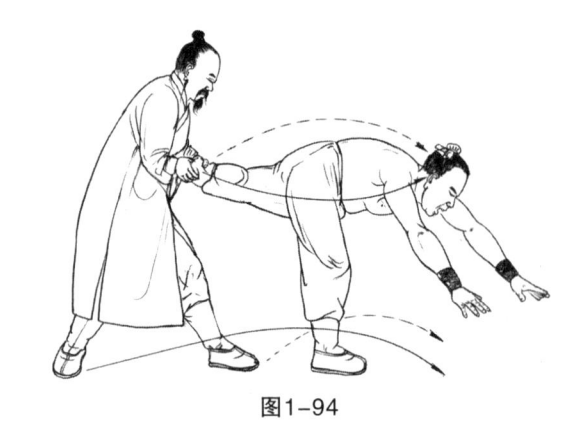

图1-94

3. 动作不停，我两脚迅速向前跳步，两手抓其头发向下猛拽，致其剧疼失力。可同时见机骑敌身上，将敌牢牢擒制。（图1-95）

图1-95

三十一、金鸡独立

【用法举例】

1. 敌用右鞭腿，踢向我左腰侧或大腿部。我立即撤步，右膝前弓，左手下搂阻截。（图1-96）

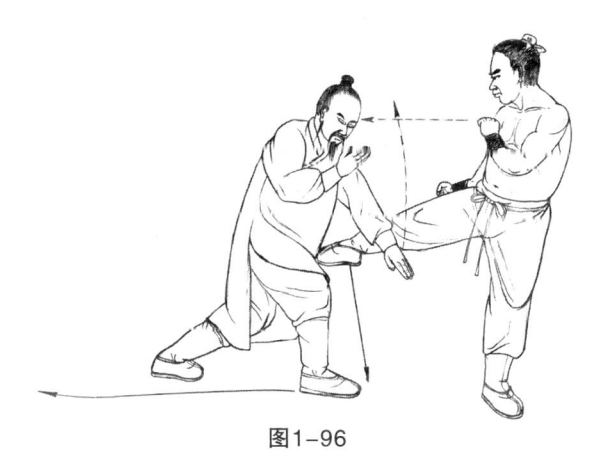

图1-96

2. 敌右脚落步，左拳紧随冲击我面部。我速出左掌，向上拦截敌腕。（图1-97）

图1-97

3. 紧接着，左手反手抓敌左腕，向左、向下反扭擒拿；同时，左脚滑步，右提膝顶击敌左肋，右勾拳掏敌腋。（图1-98）

图1-98

4. 上动不停，我右脚落步于敌裆前，右拳向下砸压敌左肩之后，左旋发劲，将敌擒伏。（图1-99）

图1-99

三十二、白蛇吐信

【用法举例】

1. 敌步前移，右拳击我面部。我右手拦截敌右腕，左掌上托敌右肘。（图1-100）

图1-100

53

2．接着，右脚向敌裆前进步，左掌外捋，右掌顺势向前插击敌咽喉。（图1-101）

图1-101

3．敌仰头避闪。我左脚迅疾上于敌腿后绊住，左掌前伸勾抱敌脑后，右掌托敌下颌，随即左手里拉，右掌外推，抖弹拧旋，扭折伤敌之颈。（图1-102）

图1-102

三十三、十字摆莲

【用法举例】

1. 敌右步前进，右拳冲击我面部。我左脚向侧摆跨一步；同时，双手交叉成十字手，向上托架敌右腕。（图1-103）

图1-103

2. 随即，右手翻腕扣抓敌腕，左手辅之，向右下捋拽；同时，提起右脚自左向卜，摆踢敌头部右侧。（图1-104）

图1-104

3. 敌偏头避闪。我右脚顺势向右摆跨过敌右臂，屈腿夹住其臂下压，两手握其腕上提，交错用力，折敌右臂。（图1-105）

图1-105

三十四、指裆捶

【用法举例】

1. 敌进身，右弹腿踢我腹部。我后移右腿成左弓步，左手下搂拦截敌右腿，向外勾挂化开其力量。（图1-106）

图1-106

2．随即，我右拳猛击敌裆。（图1-107）

图1-107

3．动作不停，右脚上前一步，左手捞抱敌右腿扛于我左肩。随即两手合拢，用力下压敌右大腿根，左肩配合向上扛顶，上体前冲，致其后坐而倒。（图1-108）

图1-108

三十五、上步七星

【用法举例】

1. 敌脚上步，用左拳冲击我面部。我吞身，两掌交叉成十字手，向前托架敌左臂。（图1-109）

图1-109

2. 紧接着，左脚前滑于敌左腿外侧，右手抓捋敌左腕，致其失衡；左掌下落蓄劲。（图1-110）

图1-110

3. 不得停顿，右掌松开，左掌迅速外翻，绕弧拦压，将敌左手夹于我左腋之下。左掌绕过敌左臂即向外上盘屈，以前臂紧贴敌左肩后侧，如此腋夹、肘盘、臂靠、掌压，以一臂控敌一臂，致其周身难动，非常巧妙。（图1-111）

图1-111

三十六、退步跨虎

【用法举例】

1. 敌步前移，右拳冲击我面部。我左手上划，拦截敌右腕内侧。（图1-112）

图1-112

武当 太极擒拿手

2．敌又踢出左脚，蹬我左肋部。我左脚向右前上步，下蹲成左丁步；同时，左手下搂，侧转身向后勾手，外搬敌腿。（图1-113）

图1-113

3．动作不停，我乘机左转身，左脚上步，左手绕臂捞抱敌左腿，右掌以捋劲向左侧猛推敌左膝，使其后倒就擒。（图1-114）

图1-114

三十七、转身摆莲

【用法举例】

1. 敌突然进身，起右腿踢击我头部。我向后吞身，下蹲避敌腿击。（图1-115）

图1-115

2. 紧接着，我重心前移左腿，右腿提起向右转身横踢，用脚外侧摆踢敌头部要害。（图1-116）

图1-116

3. 敌受击失衡前扑。我向右转身，顺势右落步，左掌前绕锁扣其咽喉，右手向前锁扣敌后颈，合力掐抱；同时，提起左脚用脚掌踩敌左膝弯，即可致敌无救。（图1-117）

图1-117

三十八、弯弓射虎

【用法举例】

1. 敌左脚上步，左拳冲击我面部。我右手拦截敌左腕；同时，左拳前击敌胸。（图1-118）

图1-118

2. 敌用左臂向下压格我左拳，右拳击我面部。我左手外翻，抓敌右腕关节，右拳前击敌胸。（图1-119）

图1-119

3. 动作不停，我左手拽拉其右臂，右手随即穿过敌右臂下与左手合力，拿住敌右腕，右肘夹紧，左手向外推敌右前臂，拆其肘关节，将其擒制。（图1-120）

图1-120

附：《武当嫡派太极拳术·张三丰祖师太极拳经》（李寿笺）

一举动，周身俱要轻灵。尤须贯串。气宜鼓荡，神宜内敛。无使有凸凹处，无使有断续时。其根在脚，发于腿，主宰于腰，形之于手指，由脚而腿而腰，终须完整一气，向前退后，乃得机得势。有不得机得势处，身便散乱，其病必于腰腿求之。上下、前后、左右皆然。凡此皆是意，不在外面。有上即有下，有左即有右，有前即有后。如意欲向上，即寓下意。若将物掀起，而加以挫之之力，斯其根自断，乃攘之速而无疑。虚实宜分清楚，一处自有一处虚实，处处总此一虚实。周身节节贯串，无令丝毫间断耳。长拳者，如长江大河，滔滔不绝也。

【经】
一举动，周身俱要轻灵。

【解】
纯任自然，不用丝毫拙劲，则举动自然轻灵。

【经】
尤须贯串。

【解】
联成一气，绵绵不断，即为贯串。若劲一断，则为人乘虚而入。

【经】
气宜鼓荡，神宜内敛。

【解】
气鼓荡，则无间。神内敛，则不乱。

【经】
无使有凸凹处，无使有断续时。

【解】
凸凹不平则间断，即为人所制。断续则不圆，不圆则易为人所乘，皆致败之由也。

【经】
其根在脚，发于腿，主宰于腰，形之于手指，由脚而腿而腰，终须完整一气，向前退后，乃得机得势。

【解】
人之呼吸由顶至踵，呼吸深长，始能完整一气。上下相合，随屈就伸。太极以手指放人而跌出者，并非手指之力也，其力发于脚，而人不知也。故变动其根在脚，由脚而上至腿腰，以及手指，无处不应，自然能得机得势。

【经】
有不得机得势处，身便散乱，其病必于腰腿求之。

【解】
不得机不得势，必是手动而腰腿不动，腰腿不动手愈有力，而身愈散乱。故有不得力处，必留心动腰腿也。

【经】

上下、前后、左右皆然。凡此皆是意，不在外面。有上即有下，有左即有右，有前即有后。

【解】

上下、前后、左右之动作，皆须动腰腿，然后才能如意。虽动腰腿，而内中有知彼知己，随机应变之意在。若无意，虽动腰腿，亦乱动而已。

【经】

如意欲向上，即寓下意。若将物掀起，而加以挫之之力，斯其根自断，乃攘之速而无疑。

【解】

与人交手时，务要随机应变，动无定向，随曲就伸，反复无端，令人莫测。使敌顾此不能顾彼，心神失措，自然散乱，则我可乘机而击之。

【经】

虚实宜分清楚，一处自有一处虚实，处处总此一虚实。周身节节贯串，无令丝毫间断耳。

【解】

练架子要分清虚实，与人交手亦须分清虚实。然全视来者之意而定，彼实我虚，彼虚我又实，实者忽变而虚，虚者忽变而实，彼不知我，我能知彼，则无不胜矣。周身节节贯串，方能虚空粉碎。能虚空粉碎，处处不受牵连，而用之时，始得轻灵变化，运用圆活耳。

【经】

长拳者，如长江大河，滔滔不绝也。

【解】

太极拳亦名长拳，杨氏所传有太极拳，更有一种长拳，名称虽异，其理则同。十三势者，掤、捋、挤、按、採、挒、肘、靠，此八卦也；前进、后退、左顾、右盼、中定，此五行也。掤、捋、挤、按，即坎、离、震、兑，四正方也；採、挒、肘、靠，即乾、坤、艮、巽，四斜角也；进、退、顾、盼、定，即金、木、水、火、土也。

以上系武当张三丰祖师所著，欲天下豪杰延年益寿，不徒为武术之末技也。

第二章

金倜生太极擒拿手

　　编者自幼爱武，经常收集古籍，自行揣摩。大学之时，偶得金倜生《太极拳图说》，中有武当太极拳九十四势，非常喜欢，学练多年，受益匪浅。今结合金师《擒拿法真传秘诀》，把此太极拳中可用于实战之擒拿法，整理出来二十四手，与同道共享。

　　可能是受武当派"言祖不言师"的古规影响，金师在书中仅述此拳为武当太极拳，没有记载其师承何人，故编者暂称此法为"金倜生太极擒拿手"。据传，金师有《太极擒拿论》一稿，编者至今没能见到，深以为憾。

金倜生是民国时期著名武术家，涉猎很广，通悉南北派，擅长内外功。且文笔很好，著述很多，如《太极拳图说》《擒拿法真传秘诀》《点穴法真传秘诀》《真本岳飞八段锦》《少林内功秘传》《达摩真传易筋经》《练打暗器秘诀》《药功真传秘抄》《卫身功夫之金钟罩铁布衫真传合刊》《飞檐走壁水面飞行真传合刊》《四两拨千斤空手入白刃真传合刊》《脱手镖》《秘传暗器三种之飞刀飞镖飞剑真传合刊》《一指禅红砂手真传合刊》《巧斗功夫真传》《北拳入门及潭腿图谱》《潭腿图谱》《全十二路潭腿图谱》等。

一、压腕手

【用法举例】

1. 敌滑步进身，右掌插击我面部。我左脚向后撤步，右掌上拦扣抓敌右掌；同时，左掌前伸用掌背托敌右肘下侧。（图2-1）

图2-1

2. 接着，我右手抓敌右掌向下旋拧，左掌上挑，控敌右臂。（图2-2）

图2-2

3. 动作不停，我左脚前移，左掌贴紧敌右上臂向里翘劲，随即右脚摆步拧身，右手按其右掌下压，扭折敌右腕关节。（图2-3）

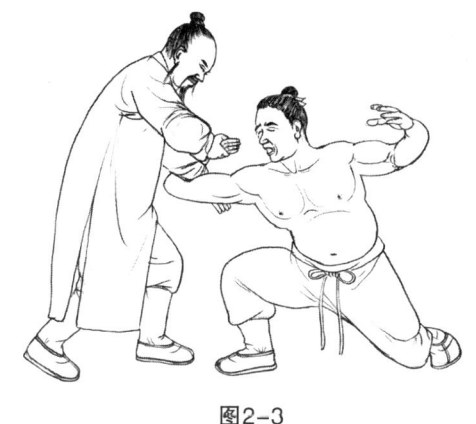

图2-3

二、拧腕手

【用法举例】

1. 敌滑步进身，右掌戳击我面部。我左脚后退，右掌上抬架敌右掌，截敌攻击。（图2-4）

图2-4

71

2. 我右掌顺敌右掌背外旋,屈指扣抓敌右腕旋拧,左掌托敌右肘前推;同时,两脚迅疾换步,伸腿立身,使敌右臂向上反折。(图2-5)

图2-5

3. 接着,我左脚向右外侧摆步,向左旋体,两手拿敌右腕向上举于我右肩侧上方。(图2-6)

图2-6

4. 动作不停，我右脚向后撤步，双手猛然向下旋拧，致敌仰面跌地。（图2-7）

图2-7

三、捋腕手

【用法举例】

1. 敌滑步进身，右拳击打我胸部。我右脚后退，左旋身，用双掌拦敌右臂。（图2-8）

图2-8

2. 我双掌顺势抓住敌右腕，向下、向左旋拧，使敌右腕关节反扭。（图2-9）

图2-9

3. 动作不停，我两手继续拧敌右腕，并向后下捋劲，致敌趴倒于地。（图2-10）

图2-10

四、制腕手

【用法举例】

1. 敌滑步进身，左拳击打我面部。我右脚向后撤步，左掌向上挑拦敌左腕，右掌前托敌左肘。（图2-11）

图2-11

2. 接着，我右掌顺敌左臂旋拿其左腕，并向下扽；左掌同时前移，用掌背顶住敌左肘内侧。（图2-12）

图2-12

3．我左脚进于敌左脚后侧；同时，左掌内收于右手内侧拿敌左腕，两手一齐向其左腰后侧扭送，使敌左臂反折。（图2-13）

图2-13

4．动作不停，我伸腿立身，左手抓敌左手不松，右掌上抬按敌后脑，将其擒制。（图2-14）

图2-14

五、错颈手

【用法举例】

1. 敌滑步进身，右拳击打我面部。我左脚向后撤退，上提双掌，拦敌右臂外侧。（图2-15）

图2-15

2. 我右掌旋腕扣抓敌右臂下拉，左掌按敌右肘助力右压；同时，左脚上步于敌右脚后侧。（图2-16）

图2-16

3. 随即，我陡然松开双掌上扬，左掌按敌后脑，右掌托敌下颌。（图2-17）

图2-17

4. 动作不停，我两掌同时搓劲扭动，如揉球一般，立可致敌颈折而软瘫不起。（图2-18）

图2-18

六、锁喉手

【用法举例】

1. 敌右脚上步,右拳劈我面部。我用右拳向上拦截其劲。(图2-19)

图2-19

2. 我左拳前推,右手从敌右肘外侧上穿。(图2-20)

图2-20

3. 随即，我右脚进步于敌右脚外侧，左拳变爪扣敌右腕前推、外拧；同时，右手穿过敌右肩锁其咽喉，向左旋推，即可将敌牢牢擒拿。如果右手猛扣，可致敌喉断无救。（图2-21）

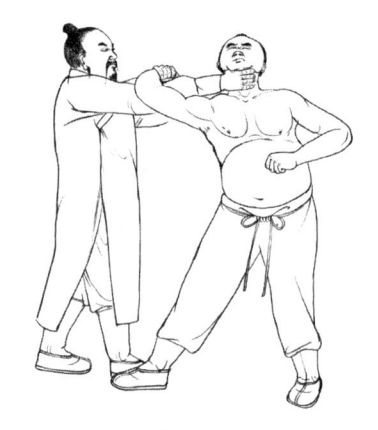

图2-21

七、拦喉手

【用法举例】

1. 敌滑步进身，右手抄我裆部。我左脚急速撤退，右臂下拦敌臂，化劲外开。（图2-22）

图2-22

第二章　金倜生太极擒拿手

2. 随即，我左脚上于敌右脚后侧；同时，左掌上穿，前臂拦敌咽喉。（图2-23）

图2-23

3. 动作不停，我右脚摆步，右腕勾贴敌右腕向右、向上弧形收夹；同时，左臂压敌咽喉向后拦压，左腿绊敌右腿助力，可致敌向后平躺，摔伤后脑。（图2-24）

图2-24

81

八、扭颈手

【用法举例】

1. 敌滑步进身，左掌削击我咽喉。我右脚后撤，左掌向前拦截。（图2-25）

图2-25

2. 我左掌顺势旋腕扣抓敌左腕，向左旋拧；同时，右脚上前一步，右掌反托敌下颌。（图2-26）

图2-26

3．随即，我右脚向后摆步，上体随之右旋，右掌外扒，致敌扭身失衡。（图2-27）

图2-27

4．动作不停，我右掌继续旋劲扒压，致敌仰面倒地。（图2-28）

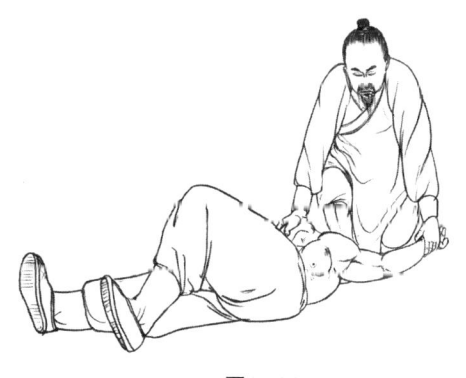

图2-28

九、压颌手

【用法举例】

1. 敌滑步进身,右掌扑我面部。我左脚后退,双手向上拦截。(图2-29)

图2-29

2. 随即,我左掌抓敌右腕,左脚收向右脚成丁步;同时,右掌按击敌脸。(图2-30)

图2-30

3. 动作不停，我左脚向右摆步，上体左转，左手抓敌右腕向我左后下侧捋拉，右掌紧按敌脸，掌根压其右颌，以旋劲致其躺倒于地。（图2-31）

图2-31

十、推颌手

【用法举例】

1. 敌滑步进身，右拳击打我胸部。我左脚后退，右手接敌右腕，左掌砍击敌右臂。（图2-32）

图2-32

2. 我松开右手，左掌向下格压敌右臂，左脚进于敌右腿后侧，右掌托敌下颌。（图2-33）

图2-33

3. 动作不停，我左臂兜敌右臂上扛于我左肩，上体前倾，右掌推敌下颌不松，致敌仰面跪地，难以动弹。（图2-34）

图2-34

十一、缠颈手

【用法举例】

1. 敌滑步进身，双掌推击我胸部。我左脚后撤；同时，吞胸收腹，使敌双掌无从着力。（图2-35）

图2-35

2. 我随之上体稍向右转，左掌与右臂一起向右拦化敌臂，使敌双掌移向我身体右侧。（图2-36）

图2-36

3．接着，我右掌在胸前从下向上划弧，抓敌右腕向我右后侧旋拧；同时，左脚上于敌右脚后侧，左掌从敌右臂上方前伸，腋部压敌右肩，使敌后仰。（图2-37）

图2-37

4．动作不停，我左掌向左后划弧，左臂缠敌颈部，牢牢擒拿。（图2-38）

图2-38

十二、控肩手

【用法举例】

1. 敌滑步进身,右掌击打我面部。我右掌拦抓敌右腕,旋拧前推;同时,左脚上步,左掌托敌右肘。(图2-39)

图2-39

2. 接着,我右掌拧住敌右腕猛然向右侧牵捋,左掌从敌背后穿过敌左腋,屈臂卡敌左腋。(图2-40)

图2-40

3. 随之，我右掌松开穿过敌右臂，用右肘兜敌右腋，右掌按敌后脑。（图2-41）

图2-41

4. 动作不停，我两掌相贴按敌后脑，两臂兜敌两臂上抬，反锁擒拿，牢牢控制。（图2-42）

图2-42

十三、缠肩手

【用法举例】

1. 敌滑步进身，右掌攻击我腹部；我左脚后退，左掌于腹前接敌右掌。敌左掌来救；我右肘向前压敌左臂，截其左手。（图2-43）

图2-43

2. 随之，我左手抓敌右掌向外缠拧，右掌顺势穿过敌右臂紧紧夹抱，右肘上抬，右脚略收，致使敌右肘反折。（图2-44）

图2-44

3．动作不停，我右脚向外弧形摆步；同时，向右转身，右掌按敌右肩后侧旋压，致敌前栽于地，动弹不得。（图2-45）

图2-45

十四、压肩手

【用法举例】

1．我上步进身，右掌反拍敌面部。敌左脚后移，两掌上划阻截，右掌推我右掌背，左掌推我右前臂。（图2-46）

图2-46

2. 我右脚向后收步以卸其劲，随即左脚前移进攻，右掌外旋下捋，使其右臂反扭，用左前臂推敌右肘下侧。（图2-47）

图2-47

3. 接着，我右脚急速退步，向右旋身，右掌抓敌右掌向右后捋；同时，左掌压敌右肘，使敌俯身。（图2-48）

图2-48

4. 动作不停，我右手继续向右后捋；同时，左肘滑向敌左肩，用劲下压推旋，致敌趴伏于地。（图2-49）

图2-49

十五、拿臂手

【用法举例】

1. 敌滑步进身，双掌左上右下，推击我中、上盘。我左臂竖立向前阻截，右掌护于左肘内侧。（图2-50）

图2-50

2. 随即，我右掌下捋敌右腕，顺势抓住；左掌外旋拦开敌左掌。（图2-51）

图2-51

3. 动作不停，我左掌乘机压敌左臂下按。（图2-52）

图2-52

4. 两手交错，猛一抖劲，左掌借力托按其右肘。（图2-53）

图2-53

5. 动作不停，我右转体，右手后拉其右腕，左手下按敌右肘，两手合力旋拧，致其扑地不起。（图2-54）

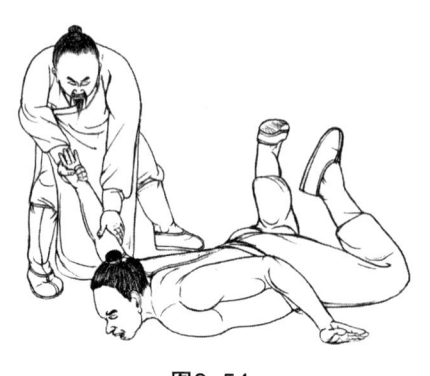

图2-54

十六、断臂手

【用法举例】

1. 敌滑步进身，右手抓我左肩。我稍沉身，蓄势待发。（图2-55）

图2-55

2．随即，我右手迅速按敌右手，左掌上提，左肘格压敌肘；同时，左脚上前一步，立身而起。（图2-56）

图2-56

3. 动作不停，我猛然前俯，左肘压敌右肘，向下沉劲，折其手臂。（图2-57）

图2-57

十七、缠肘手

【用法举例】

1. 敌上步进身，左拳击我胸部。我右脚退步，右臂内裹，格敌左臂。（图2-58）

图2-58

2. 随即，我右掌下绕，从敌肘内侧外穿，向上提起；同时，右脚上前一步，进敌左脚外侧。（图2-59）

图2-59

3. 接着，我右脚内扣，左脚侧摆步，向左转身，右掌压敌肩部，左掌按敌左肘，将敌左臂反折。（图2-60）

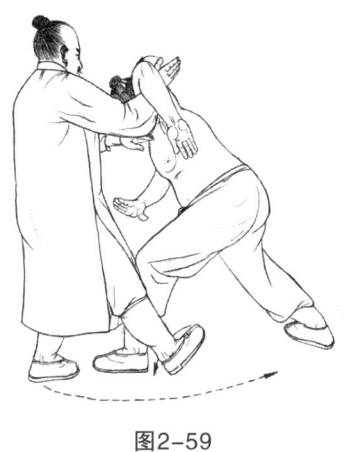

图2-60

4．动作不停，我缠压敌臂肘继续左转，将敌旋倒于地。（图2-61）

图2-61

十八、端肘手

【用法举例】

1．敌滑步进身，双掌贯我耳门。我右脚后撤，双掌上挑，两臂分格。（图2-62）

图2-62

2. 随即，我两掌顺敌臂内侧前推，并向外分劲。（图2-63）

图2-63

3. 我两掌向里缠敌之臂，夹我腋下，向上端敌两肘。（图2-64）

图2-64

4．我两掌顺势相合，趁机用掌尖插敌咽喉。（图2-65）

图2-65

图2-66

5．动作不停，我右膝迅疾提起，撞敌裆部，重创敌方。（图2-66）

十九、控肘手

【用法举例】

1. 敌上步进身,右掌劈击我面部。我左脚退步,右掌向里裹格敌掌,阻截敌击。(图2-67)

图2-67

2. 随即,我左手抓敌右腕,左脚上步,右掌下穿,用掌背贴敌右肘外侧,向右别劲致其失衡。(图2-68)

图2-68

3. 动作不停，我左脚前移于敌右腿外侧；同时，右手托敌右肘上提，左掌推压敌右肩，将敌擒拿。（图2-69）

图2-69

二十、架肘手

【用法举例】

1. 敌上步进身，右拳击打我胸部。我左脚后撤，右掌反挂擒敌右腕，左掌前托敌肘。（图2-70）

图2-70

第二章　金倜生太极擒拿手

2. 随即，我左脚向敌右后上步；同时，右手抓敌腕向右下拉，左肘挎敌右肘下侧，左掌按向自己右腕交错助劲。（图2-71）

图2-71

3. 动作不停，我迅速抬身立起，两手控敌右腕向下拧转，左肘架敌右肘上抬，以架肘式擒拿之。（图2-72）

图2-72

105

二十一、担肘手

【用法举例】

1. 敌右脚上步,右手锁我咽喉而来。我左脚退步,右掌向前划弧,用掌背拦截敌臂外侧,并向外滚动,化敌之力。(图2-73)

图2-73

2. 随即,我右掌贴敌右臂旋转,前臂内侧兜敌右腕内侧,左掌按敌右腕外侧;同时,左脚收步立身,将敌右腕控于我右肩处。(图2-74)

图2-74

3. 接着，我右脚外展，左脚向右绕步转身；同时，两手合抱抓敌右腕，将其右臂反担在我左肩上。（图2-75）

图2-75

4. 动作不停，我双手控住敌右腕下拉，向前躬身，反背扛敌，断折其肘。（图2-76）

图2-76

二十二、断肘手

【用法举例】

1. 敌右脚上步,右手抓我左肩。我迅疾用右掌将敌右手按住,左掌前伸,用左臂内侧向右挤靠敌右臂;同时,右脚上提脚跟,上身略向左偏助劲。(图2-77)

图2-77

2. 接着,我右脚向后退一大步,上体右旋,左掌内收按住自己右腕,左肘压敌右肘。(图2-78)

图2-78

3. 动作不停，我前屈身，略向右旋，左肘下压敌肘部，致使其肘折前扑。（图2-79）

图2-79

二十三、牵肘手

【用法举例】

1. 敌滑步进身，右掌插我裆部。我右脚后退，两掌下踏，阻截敌掌。（图2-80）

图2-80

第二章　金倜生太极擒拿手

2．接着，右掌抓敌右腕，左手虎口叉敌左肘。（图2-81）

图2-81

3．动作不停，双掌猛牵敌右臂向我右侧下方旋拧，致其前扑趴地。（图2-82）

图2-82

111

二十四、扭肘手

【用法举例】

1. 敌上右步进身，右拳击打我面部。我左脚退步，右掌托敌右拳，左掌托敌右前臂，向上化劲。（图2-83）

图2-83

2. 随即，我左脚向敌裆前上步；同时，右掌贴敌右拳向下旋压，左掌助力推敌右肘，使敌右臂扭曲。（图2-84）

图2-84

3. 继续用力，右提左压，扭敌右肘，致其前栽。（图2-85）

图2-85

4. 动作不停，两手突然变向发力，向我右方旋捋，致其横栽于地，防不胜防。（图2-86）

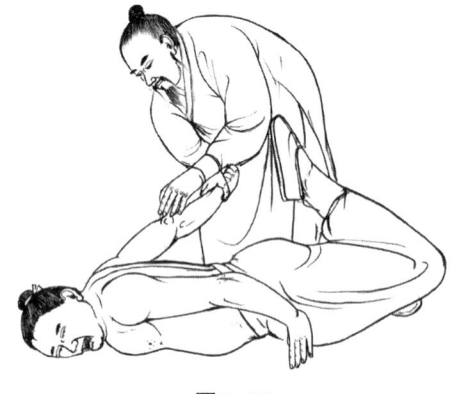

图2-86

附1 《太极拳图说·太极拳之源流》（节选）

太极拳为武当内派拳法之一种。据此中人之传说，咸谓创自宋丹士张三丰。唯考张三丰其人，则各家之说不同。

余谓太极拳为武当派传法，张三丰为武当山开创之人。其间虽容有附会，正不妨随俗，斤斤于考证亦甚无谓也。

余以为创此拳者，不论其是否为张三丰，而其人之智慧，遥不可及。盖必当时鉴于外家拳法，均趋尚猛烈，拚息鼓气，跳掷腾挪，一趟甫毕，汗流面赤，气喘如牛。此种拳法在练习时稍有不慎，即弊窦冗生，或致内府诸官受伤，甚或咯血者，此无他，皆因其动作违逆先天自然之机也。于是乃从而改良之，一反其道，使合于自然之旨，故人主猛烈，我主柔和；人主迅疾，我主平顺。以养气而免拚气之害，舒展筋骨，不尚坚强；参阴阳而分虚实，虽和而并不脆弱，虽慢而并不板滞。寓刚于柔，寓快于慢，由柔得刚，斯始刚柔咸宜，由慢得快，则快慢如意，如此则无往弗利，无坚弗摧矣。

附2 《太极拳图说·发劲》

劲由二端，即刚、柔之分也。吾人之动作，固有轻重，而劲亦因之而分大小。劲之大小如何，今且勿论，但有刚柔之分耳。何谓刚劲？即一往直前，含有抵抗性质，而绝无含蓄者是也。何谓柔劲？即我劲并不直出，但随敌人之动，而为运化，不加抵抗者是也。

太极拳之妙处，则全在于以静制动，以柔克刚。譬如与人交手之时，并不先取攻势，彼动我静，以观其变。待人既至，而我却能接受其劲，初不加以抵抗，运其黏柔之劲，而化去敌人顽强之劲。待敌人一击不中，欲图再举之时，然后蹈其瑕隙，顺其势而反守为攻，则敌人力竭之余，重心移动，则无有不受制者矣。

盖如敌人在前，用拳击我，其劲直出，我若迎格之，则非有过彼之力不可；今乃避过其锋，顺其势而掀之，不费力气，彼自必前磕矣，此歌诀所谓"牵动四两拨千斤"者是也。且太极拳之动作，为无数圆圈所组织，而此圆圈即重心之所寄，处处立定脚跟。敌人发劲虽强，而可用逆来顺受之法，引之入彀，待其强劲既出，重心既失，然后从而制之，避实就虚，自能得心应手矣。

第三章
隐仙派太极擒拿手

隐仙派乃武当内家秘传拳派，此派注重内功修炼，以内丹之法而运气化劲，由内行外，"功劲玄妙，高隐难测"。

隐仙派注重内丹修炼，以内丹之法演化太极行功。以太极桩混元一气十二式为筑基，使气劲合顺。以十二桩演化而为三盘龙形太极拳，更添多种变化与功效，久练可得杀伤混元力，而身步灵劲也可极大增强，临敌攻防自能应变裕如。

三盘龙形太极拳，类属道门内丹之外行功法，拳功相融，乃隐仙派不传之秘。演练风格独特，圆圆相套，高低起伏，连绵不断；动作柔韧，发劲弹抖，柔中寓刚，刚柔相济。技击上讲究以静制动，柔化刚发，借力打力，后发先至。

本章专述隐仙太极擒拿十八手。然隐仙太极拳里有些招式只适用于打法或跌法，有些招式或含有多种擒拿法，编者无法使用其拳法原谱，招名只能另行冠新，试析数手，献于同道。《隐仙派擒拿要诀》曰："临敌动手，遇恶无情，如猫捕鼠；一动全动，一发全发，周身一家；静如处女，动如脱兔，行如猛虎；擒穴捋筋，如磁吸铁；缠绕旋转，如绳勒绞；发劲断骨，手到降伏。"

另请注意的是，隐仙派特别注重练习太极球。此功最利擒拿，一旦练就，通体浑元，整劲充足；尤其双手力大超人，黏劲如胶，敌若被擒，极难脱逃。其大致练法：先练木球，从5公斤练起；练至每次可一气转动200次时，即换重球；后将木球改为石球或铁球，练至能转球百余斤，如玩弹丸般，其功大成。

一、缠颈擒拿

【用法举例】

1. 敌右进步，右拳击打我胸部。我略后滑步，含胸吞腹，左前臂下砸敌右腕。（图3-1）

图3-1

2．随即，我左臂下压，右拳劈砸敌头顶。（图3-2）

图3-2

3．动作不停，我左脚前移，右脚跨过敌腰后向其右侧落步，右臂环抱其颈部，左掌推按其后脑，致敌扑地，将其控制。（图3-3）

图3-3

二、锁喉擒拿

【用法举例】

1. 敌右进步，右拳冲击我面部。我略向后挪身，左掌内裹，用掌棱格击敌右臂外侧，阻截敌拳。（图3-4）

图3-4

2．随即，我左掌贴敌右臂向内下压，右掌标插敌目。（图3-5）

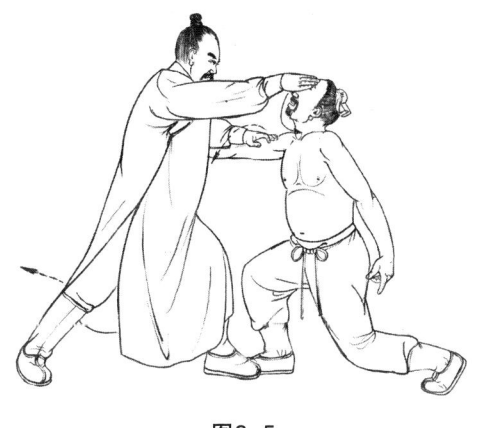

图3-5

3．动作不停，我左手后滑，抓敌右腕；同时，右掌成爪，扣敌咽喉，左脚摆步，向左转身，将敌旋翻而擒。（图3-6）

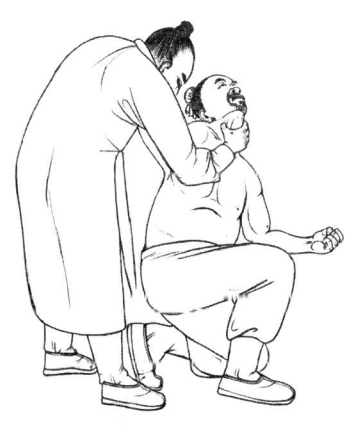

图3-6

三、夹颈擒拿

【用法举例】

1. 敌左脚上步，左拳击打我胸部。我后吞身，左掌下伸外拦，以左前臂格阻敌左腕外侧。（图3-7）

图3-7

2. 随即，我两脚跳步换式，右脚乘机上于敌左腿后侧；同时，右臂前伸，拦敌咽喉。（图3-8）

图3-8

3. 动作不停，我右臂猛夹敌颈，圈臂收紧，左手助力内扭，将敌制服。（图3-9）

图3-9

图3-10

四、拧臂错腕

【用法举例】

1. 敌上步进身，左拳劈击我头部。我左脚迅疾后撤，两手向上合抱托握敌左腕，将敌臂举起，使之不能下落。（图3-10）

武当 太极擒拿手

2．我随之提起右脚，猛地踩踏敌左膝，使其左膝前跪，而上体反仰。（图3-11）

图3-11

3．随即，我右脚向后落步；同时，两手握敌左腕外旋下压。（图3-12）

图3-12

第三章　隐仙派太极擒拿手

4．动作不停，我两手继续用力，扭折其腕，将其彻底制服。（图3-13）

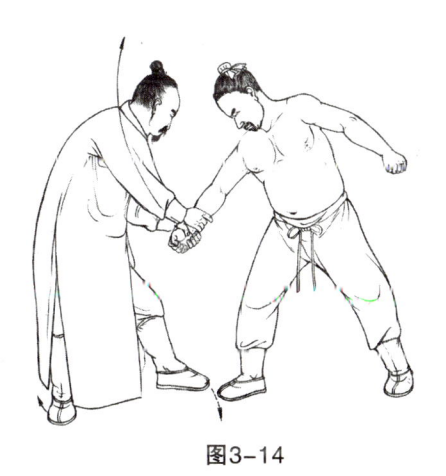

图3-13

图3-14

五、翻身拧腕

【用法举例】

1．敌进步，栽打我小腹。我右脚后移，吞腹俯身，避敌之际以双手向下抓敌右腕。（图3-14）

125

2. 接着，我右转身约90°，背对敌方，将其右臂高高举起。（图3-15）

图3-15

3. 动作不停，我右脚向左脚后插步转身，两手向外猛扭敌腕，反折其臂，分筋错骨。（图3-16）

图3-16

六、拧腕转身

【用法举例】

1. 敌上步进身，右拳击打我小腹。我右脚向后挪步；同时，双手向下擒按敌右腕。（图3-17）

图3-17

2. 随即，我双手抓敌右腕继续向前下推，右脚向敌右脚后侧上步，上身左转，将其腕举于头面上。（图3-18）

图3-18

3．动作不停，右脚向右前上步，左脚向后退步，上体继续左转，双手紧握敌右腕顺势旋劲，将其拧翻在地。（图3-19）

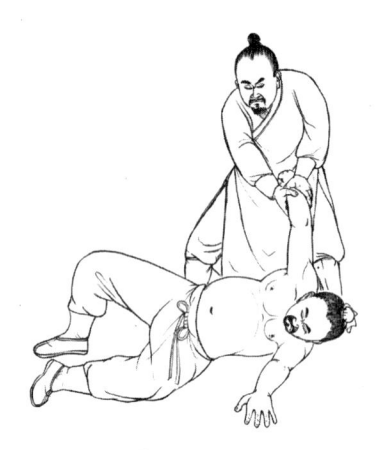

图3-19

七、扭臂搂颈

【用法举例】

1．敌右进步，右拳栽击我小腹。我迅速向后滑半步，避过敌拳；同时，双手接抓敌右腕。（图3-20）

图3-20

2．接着，我拽住敌腕向右后牵捋；同时，用右脚踩击敌右膝。（图3-21）

图3-21

3．右脚顺势落步，左臂屈肘兜揭敌右肘。（图3-22）

图3-22

4. 动作不停，右手拧敌右腕，左手前伸搂搬敌后脑，将敌擒拿。（图3-23）

图3-23

八、锁肩擒拿

【用法举例】

1. 敌右进步，右拳击打我面部。我后滑步避敌，右掌外拦敌臂。（图3-24）

图3-24

第三章　隐仙派太极擒拿手

2. 接着，我右手贴敌右臂后滑，擒住敌腕下拽；同时，左手食、中二指前插敌双眼。（图3-25）

图3-25

3. 动作不停，乘敌之危，我左手下落，绕过其右臂，按其右肩；同时，右脚向右后摆步，向右转体，右手上掀其肘助力，将敌右臂反扭锁控。（图3-26）

图3-26

131

九、缠臂压肩

【用法举例】

1. 敌右进步，右拳横扫我头部。我向后滑步，左臂屈肘，架托敌拳。（图3-27）

图3-27

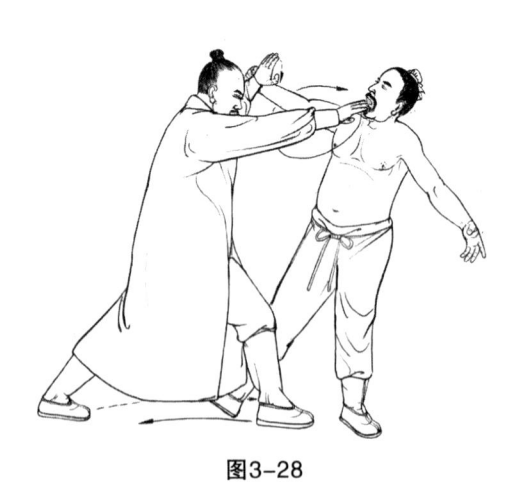

2. 接着，我右脚跨步，踏敌中门；同时，右掌从左向右扫击敌双眼，致敌晕迷。（图3-28）

图3-28

3. 动作不停，我左手反抓敌右腕旋拧，左脚进步；随即，右掌绕过敌右臂按压其肩后，右脚摆步，两手合力缠劲，反折敌臂。（图3-29）

图3-29

图3-30

十、缠压折肘

【用法举例】

1. 敌右进步，右手抓我左肩，欲施法制我。（图3-30）

武当 太极擒拿手

2．我迅疾用左手抓敌右手；同时，右拳屈肘上提，用肘弯挎提敌右肘。（图3-31）

图3-31

3．动作不停，我左手紧抓不放，右拳向外用力反压敌右肘，致其骨折，跪地不起。（图3-32）

图3-32

十一、压肘擒拿

【用法举例】

1. 敌右进步，右拳冲击我腹部。我迅速向右偏身；同时，双手合抱，擒敌右臂。（图3-33）

图3-33

2. 随即，我右脚弹踢击敌腹部，致其受伤。（图3-34）

图3-34

3．动作不停，我右脚右撤落地，上体右转，双手拽敌右臂猛拖，使敌前扑栽地；同时，趁势用左前臂砸压敌右肘，致使断折。（图3-35）

图3-35

十二、截臂擒拿

【用法举例】

1．敌左进步，左拳栽击我腹部。我右脚后撤；同时，两手接抓敌左前臂，并向左侧下拽。（图3-36）

图3-36

2. 随即，我左脚踩击敌左腿胫骨，或踏其膝关节，致其伤疼；同时，双手向外扭敌左臂助力。（图3-37）

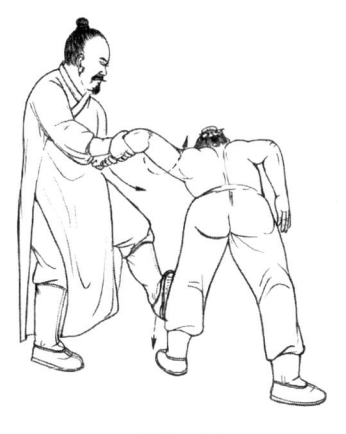

图3-37

3. 动作不停，我左脚后落，右手前绕穿过敌左臂，按住其左肩；左手抓住敌腕，下拉别劲，将敌臂牢牢拿定。（图3-38）

图3-38

十三、夹臂锁喉

【用法举例】

1. 敌左进步，左勾拳击打我腹部。我左脚退步，双掌交叉下截敌左前臂。（图3-39）

图3-39

2. 左掌按敌左前臂；右手上穿，用前臂兜敌左臂向上缠绕，反折敌肘。（图3-40）

图3-40

3. 接着，左脚上于敌左腿后侧，别住敌左胯，左前臂拦压敌咽喉。（图3-41）

图3-41

4. 动作不停，下别上压，将敌摁倒在地。右手抱敌左臂不松，左手顺势锁敌咽喉，将其彻底降服。（图3-42）

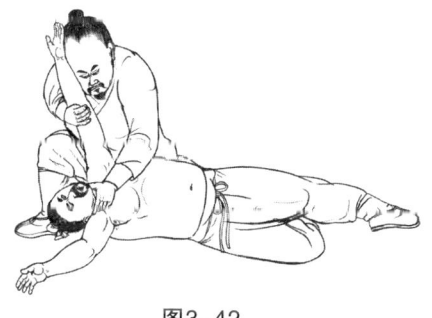

图3-42

139

十四、别肘擒拿

【用法举例】

1. 敌左进步，左拳横扫我头部。我向左偏身，右掌反格敌左臂，顺势擒抓。（图3-43）

图3-43

2. 随即，我左掌迅速抖劲发力，向前削击敌左肋或腰后。（图3-44）

图3-44

3. 敌受击而重心左偏。我乘机上扬左掌，从敌左臂后侧握住其左腕，双手用力向下反折敌肘，左腿别住敌胯助劲，令其臂伤难动。（图3-45）

图3-45

十五、压肘擒拿

【用法举例】

1. 敌左脚进步，左拳劈击我头顶。我右臂上架敌左臂，左掌挥砍敌左腕，截击敌劲。（图3-46）

图3-46

2．随即，我左掌旋扣敌腕，右手绕过敌臂外侧，勾住其左腕内侧。（图3-47）

图3-47

3．动作不停，两手同时用力向下折压其左肘，牢牢盘住，致其臂疼难动。一旦向外别劲发放，立可致敌躺跌而伤。（图3-48）

图3-48

十六、夹臂控肩

【用法举例】

1. 敌左进步，左拳劈击我头部。我右脚前移，双手成十字手，上托敌左前臂，拦截敌劲。（图3-49）

图3-49

2. 随即，我左手向外旋抓敌左腕，右臂屈肘压敌左肘，左脚向右后插步，将敌左臂反别。（图3-50）

图3-50

3. 我继续向左旋转，以大力压敌左肘，使其不支而扑地。我顺势侧卧，整体压上，两手紧紧反搬其左臂，牢牢擒拿，致其无解。（图3-51）

图3-51

十七、拧臂锁喉

【用法举例】

1. 敌左进步，左拳冲击我面部。我右脚迅速向右弧形闪步，进身于敌左后。（图3-52）

图3-52

2. 动作不停，我左肘乘机向敌左肘后侧挑击。（图3-53）

图3-53

3. 我右手顺势抓捋其左腕，随之向左转身，左脚向后插步；同时，左肘向后猛劲揭故腰部。（图3-54）

图3-54

145

4. 敌受击向后仰身。我左臂随即穿绕敌肋，横拦其胸。（图3-55）

图3-55

5. 动作不停，我左脚向后扫踢敌左腿，左臂拦住其胸，向右旋身发力，将其压翻。左手顺势锁敌咽喉，将敌彻底制服。（图3-56）

图3-56

十八、扭臂压颈

【用法举例】

1. 敌左进步，左拳横扫我头部。我向左偏身，右掌抬起向外格架敌左腕。（图3-57）

图3-57

2. 随即，我右手抓压敌右前臂；同时，左肘向前挑击敌下颌，致其受伤或因躲避而后仰。（图3-58）

图3-58

3. 我右手抓推敌左前臂，左手伸臂反压敌后颈；同时，左膝提撞敌裆部。（图3-59）

图3-59

4. 动作不停，我左脚向右后侧落步，上体向左旋转约90°，左手按敌后颈向左旋压。（图3-60）

图3-60

5. 大力旋劲，敌必摔扑。此时我两手之抓腕、按颈仍不松劲，将其牢牢摁住，任我处置。（图3-61）

图3-61

第四章

武当太极小擒手

武林中常把擒拿分为大擒拿、小擒拿两类。

所谓"大擒拿",是指其技法复杂,劲法多变,手脚并用,可擒可跌,可伤可杀,非常高级;但非久练,不能得心应手。

所谓"小擒拿",简称"小擒手",也叫"小手",是指其技法简单,劲法灵巧,出手直接,讲究突击,偏重奇袭,用好了可一招制敌;但遇劲敌,不易得手。

本章即介绍武当太极小擒手,采其精招,共十六手,比较适合太极擒拿初学者。

一、擒拿拇指

【用法举例】

1. 敌左进步，用右掌卡向我咽喉（或抓我胸襟）。我向后撤步，左手前伸，拇指扣入敌左虎口，余四指握住敌拇指。（图4-1）

图4-1

2. 随即，我左手拿住敌右手拇指前推下压，致敌负痛跪地。（图4-2）

图4-2

第四章　武当太极小擒手

3. 动作不停，我左手不松劲，握敌左手拇指下压至我左膝内侧，以膝助力，拿其难动。（图4-3）

图4-3

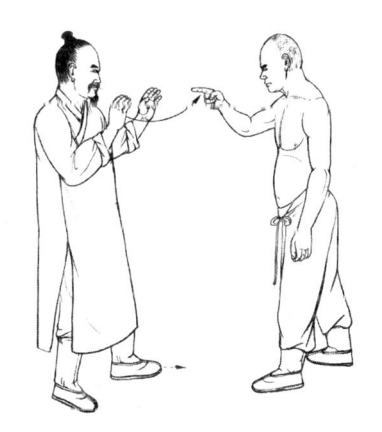

图4-4

二、擒折食指

【用法举例】

1. 敌用右手食指指着我挑衅辱骂。（图4-4）

2. 我迅速前伸右手，抓握敌食指前推。（图4-5）

图4-5

3. 动作不停，我右手勾腕，虎口下压，致敌右手食指反折，被我控制。（图4-6）

图4-6

三、擒拧食指

【用法举例】

1. 敌伸右手食指，对我指指点点，进行挑衅。（图4-7）

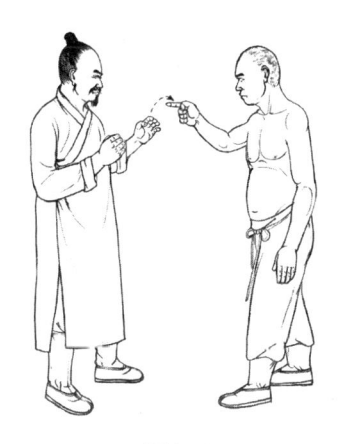

图4-7

2. 我左手前伸，抓敌食指，虎口向下紧紧抵住敌食指根节。（图4-8）

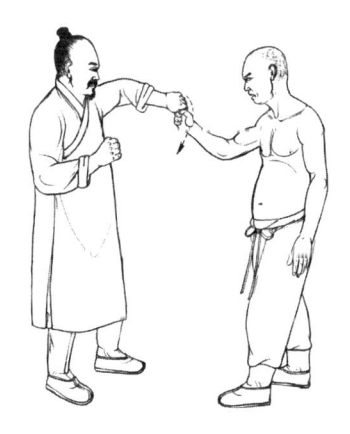

图4-8

3.动作不停,我左手握住敌右手食指向外旋转、向上提撅,致敌右掌翻转而掌心向上、食指尖向下,轻可致敌疼痛难动,重可折断其指。(图4-9)

图4-9

四、擒撅食指

【用法举例】

1.敌用右手食指指着我,指责挑衅。(图4-10)

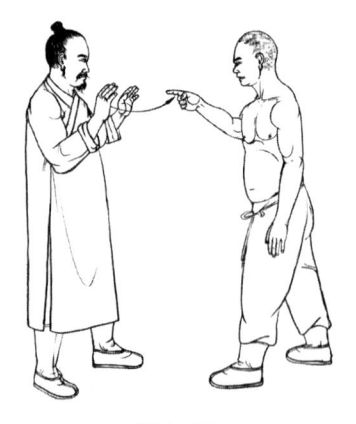

图4-10

第四章 武当太极小擒手

2．我右掌前伸，虎口叉向敌食指与中指的根节，掌心托住敌食指。（图4-11）

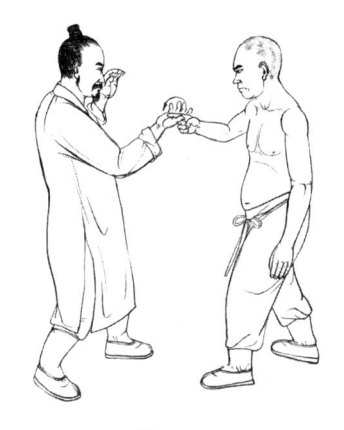

图4-11

3．随即，我五指握拢，拿住敌右手食指下撅；同时，用右拳面顶住敌右掌背。（图4-12）

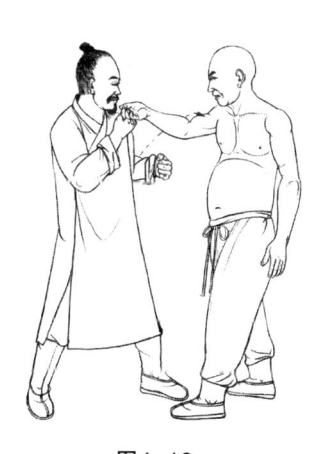

图4-12

157

4. 动作不停，我右手继续撅敌右手食指；同时，左肘靠撞敌右上臂外侧，致敌难动。（图4-13）

图4-13

图4-14

五、擒撅小指

【用法举例】

1. 敌伸出左手，前来抓我。我伸出左手接敌左手，成互握式。（图4-14）

第四章　武当太极小擒手

2. 随之，我右脚上步于敌左脚外侧；同时，向左转体，右掌从敌左上臂外侧下穿过，按于其肘弯前部。（图4-15）

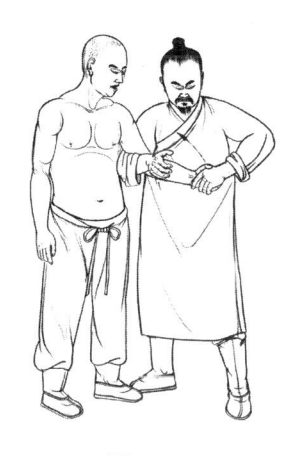

图4-15

图4-16

3. 接着，我左手握敌左手掌前推，使其屈肘贴近其上臂；同时，我左掌下压敌左腕，使其左掌反折。（图4-16）

159

4．动作不停，我右手趁势用食、中二指勾住敌左手小指，向下勾扳反折，致其骨折。（图4-17）

图4-17

图4-18

六、擒推撅腕

【用法举例】

1．敌伸左手挑衅。我猛然用左手接握敌左腕。（图4-18）

第四章 武当太极小擒手

2．随即，右手抓住敌左掌指向前推折，左手配合捏敌腕使之内屈。（图4-19）

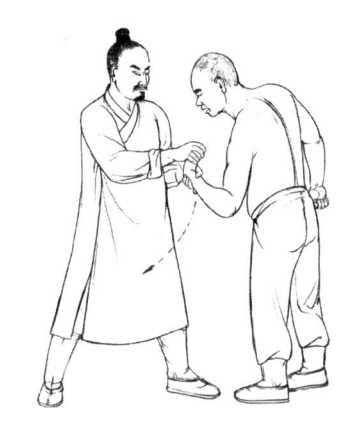

图4-19

3．动作不停，我左手下压后拽，右手前推，使敌左腕内屈过度，俯身被擒。（图4-20）

图4-20

161

七、擒扣撅腕

【用法举例】

1. 敌在前走，我欲擒拿。即上左步于敌右脚外侧，右手抓住敌右手掌；同时，左手从敌臂下侧穿出，用前臂上提敌上臂。（图4-21）

图4-21

图4-22

2. 随即，我右手向前上提敌右掌，左臂夹住敌右上臂，左掌按住敌右掌背向下用劲，两手合劲，使敌右腕内折，不能动弹。（图4-22）

八、擒抱撅腕

【用法举例】

1. 与敌对峙。（图4-23）

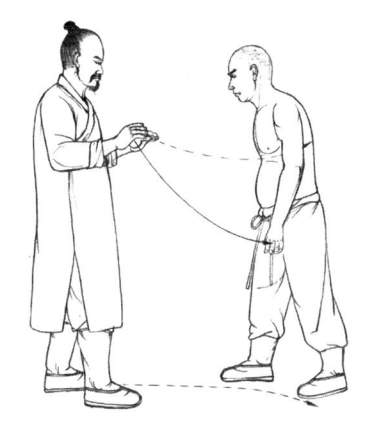

图4-23

2. 我左脚上步于敌左脚外侧；同时，右手抓住敌左掌，左手穿过敌左上臂内侧，勾腕抄抱敌左肘。（图4-24）

图4-24

3.随即，我右手握住敌左掌向其背后上推，使其臂反折；同时，我左手勾抱敌左掌背，两手合劲抱撅敌左腕，将其擒拿。（图4-25）

图4-25

九、别臂擒拿

【用法举例】

1.与敌对峙，我主动出击，迅疾前伸左手抓敌右腕。（图4-26）

图4-26

第四章 武当太极小擒手

2．随即，我右手穿过敌右腋，屈肘上提，兜敌右臂。（图4-27）

图4-27

3．动作不停，我向右转体，右掌旋转，按压敌右肩；同时，我左手将敌右腕推压至其背后，别臂擒拿。（图4-28）

图4-28

165

十、锁臂擒拿

【用法举例】

1. 敌上右步，右拳劈我面门。我右脚撤退，右手屈臂向前推架敌右腕。（图4-29）

图4-29

2．随即，我左手前伸，勾抱敌右肘弯前；同时，右臂前推，使敌右前臂竖立。（图4-30）

图4-30

3．动作不停，我右脚上步于敌右腿后侧；同时，两手锁敌右臂向外发力，使敌后倒。（图4-31）

图4-31

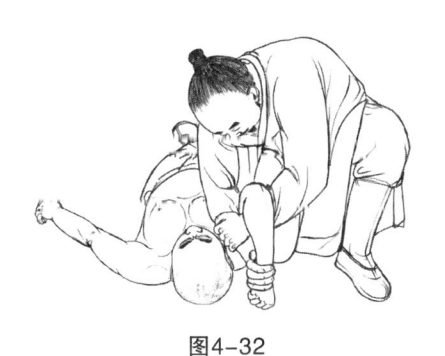

4．动作不停，锁敌右臂不放，屈膝沉身，将敌压躺于地，牢牢控制。（图4-32）

图4-32

十一、绞颈擒拿

【用法举例】

1. 敌我对峙。（图4-33）

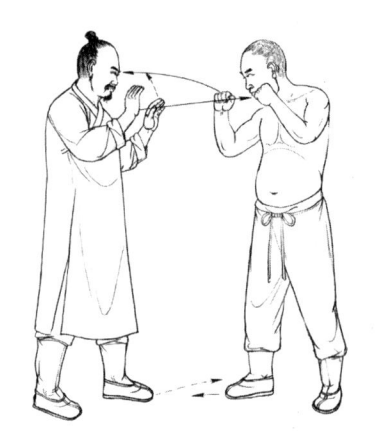

图4-33

图4-34

2. 敌右脚前移，右拳击我面部。我向左偏身，左脚向敌右侧闪步，左掌向右拍格敌臂，担敌右臂于我右肩；同时，右掌托敌下颌。（图4-34）

3．随即，我左掌前伸，经敌脑后环臂夹其脖颈；同时，右臂屈肘提夹敌右前臂。（图4-35）

图4-35

图4-36

4．动作不停，我右手经敌右肩上侧，用掌根推敌后脑。（图4-36）

5. 我右掌发劲推敌后脑，右上臂上抬，两手形成绞颈式。（图4-37）

图4-37

6. 我继续向左用力，俯身旋压，将敌擒跌在地。（图4-38）

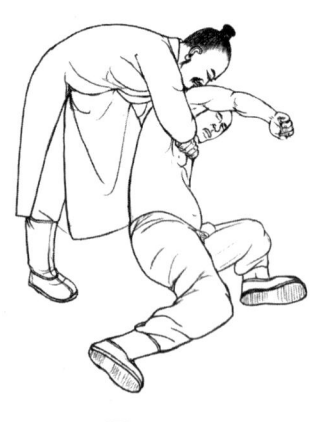

图4-38

十二、撅颈擒拿

【用法举例】

1. 敌右脚前移，右拳击我面部。我向左偏身，左脚向敌右侧上步，左掌向右拍格敌臂，担敌右臂于我右肩；同时，我右掌托敌下颌。（图4-39）

图4-39

2. 随即，我上体左移，左掌前伸，经敌后脑环臂夹其脖颈；同时，右臂屈肘提夹敌右前臂。（图4-40）

图4-40

3. 动作不停，我右掌向右下斜伸，反拦敌右掌；同时，挺胸，左臂拦敌咽喉搬向我左肩，致敌窒息。（图4-41）

图4-41

十三、拧臂劈颈

【用法举例】

1. 敌左进步，右拳击我面部。我步后撤；同时，左臂抬架敌右前臂。（图4-42）

图4-42

第四章 武当太极小擒手

2. 随即，我右手抓敌右腕。（图4-43）

图4-43

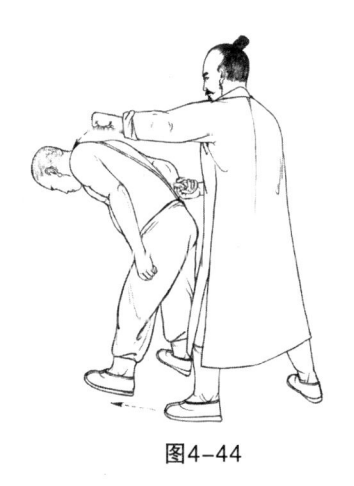

3. 我左手前翻，冲敌右腮；同时，右手用力扭转敌腕，将敌右手扭其腰后。（图4-44）

图4-44

173

4．我左拳变掌下按敌左肩，左脚前移于敌左脚外侧，右手继续推敌右腕至其背部，将其擒拿。（图4-45）

图4-45

5．如敌挣扎，我则予以痛击，左手上举变拳，迅疾劈砸敌之后颈。（图4-46、图4-47）

图4-46　　　图4-47

十四、缠肘压肩

【用法举例】

1. 敌上右步，左冲拳打我胸部。我右脚撤退，向右偏身；同时，右掌前伸，托敌左肘。（图4-48）

图4-48

2. 随即，我右脚侧上一步；同时，右掌前穿，屈肘兜挟敌左臂。（图4-49）

图4-49

3. 接着，我左脚向左侧摆一步；同时，我右臂缠敌左肘向左下旋压，使敌弯腰躬身。（图4-50）

图4-50

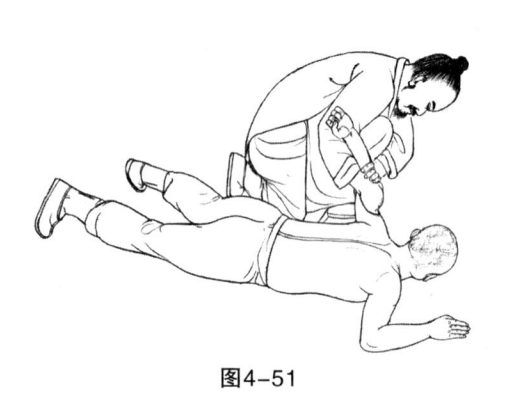

4. 动作不停，我右臂继续向左下旋压，将敌压趴于地；同时，左掌按敌左肘助力，擒其难动。（图4-51）

图4-51

十五、断颈擒拿

【用法举例】

1. 与敌对峙，我突起右脚撩踢敌裆。敌俯身藏裆，用手来防。（图4-52）

图4-52

2. 随即，我右脚向后收落，两手迅疾按敌后脑，致其前俯。（图4-53）

3. 动作不停，我右前臂向下、向左缠敌脖颈；同时，左手握自己右腕助力，合势用劲上提敌颈，令其窒息。（图4-54）

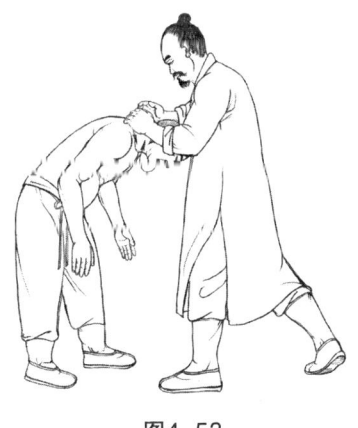

图4-53

图4-54

十六、圈扼脖颈

【用法举例】

1. 我在敌身后，主动擒拿，出右臂缠夹敌脖子。（图4-55）

图4-55

2. 随即，我左手抓自己右腕，向后用力，使敌上身后仰。（图4-56）

图4-56

第四章　武当太极小擒手

3. 动作不停，我左脚向后撤步，右臂夹敌脖子不放，将敌拖仰于地。（图4-57）

图4-57

4. 我右臂紧夹敌脖子再向我左下旋转，致其窒息。（图4-58）

图4-58

179

第五章
武当太极化擒手

化擒手，俗称"脱手法"，就是遇敌擒拿之时，急速化劲，解脱敌招，不得让其得手；或用打法，发劲迫其松手。随即顺势以擒拿反制，或乘机以打法还击，反客为主。

金一明《太极拳与擒拿》中载："化擒手，乃太极拳技击重要之法，对于擒拿亦不可少。遇敌擒我，当即化手，其虽气力强蛮，亦不能拿下。随即顺势发力，或反拿，或用打。既可脱身，又可伤人，一举两得，岂不妙乎。"

徐致一《太极拳浅说》中载："环形动作者，皆化劲也，非发劲也。太极拳以不发先劲为主，遇敌来击，先以化劲化之；待其不稳，从而击之，则用发劲。"

《太极拳打手歌》曰："掤捋挤按须认真，上下相随人难进。任他巨力来打我，牵动四两拨千斤。引进落空合即出，粘连黏随不丢顶。"打法明快，运用方便，反击迅速，可后发制人，学者请悟之。

化擒手是擒拿系统不可或缺的一部分，前几章已经列举了不少武当太极擒拿与反擒拿的招术，所以本章有必要再介绍一下被擒解脱与反擒反打的技法，供读者参考研练。

一、化前抓发（扣手撇腕）

【用法举例】

1. 敌前伸右手抓我头发，欲使招制我。（图5-1）

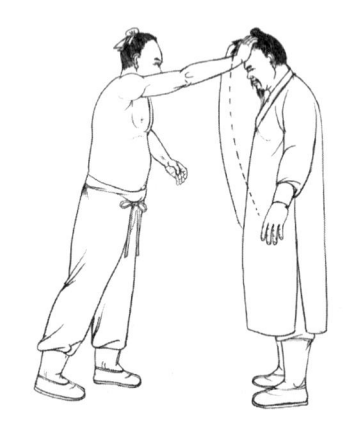

图5-1

2. 我迅疾上起两手，抱按敌右掌背，将其牢牢控制在我头上。（图5-2）

图5-2

3．动作不停，我猛然低头躬身，使敌右腕反折，疼痛失力，我则化解被其抓发之险。（图5-3）

图5-3

4．反击不停，我头额继续下压，右脚后退一步以助发力，将敌拖伏于地，折伤其指。（图5-4）

图5-4

二、化后抓发（拨臂击颌）

【用法举例】

1. 敌从我身后，用左手抓我头发。（图5-5）

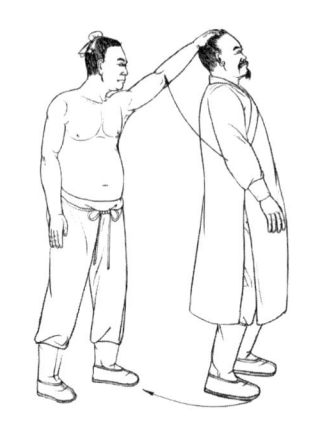

图5-5

2. 我右脚迅疾后退一步，向右转身，头稍右仰；同时，右肘向右横摆，拨敌左肘，卸化其劲。（图5-6）

图5-6

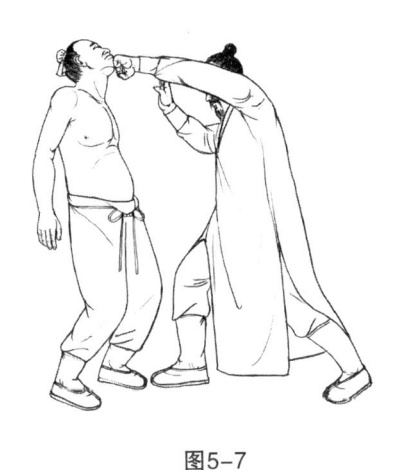

3. 动作不停，我左拳急速冲击敌下颌或鼻子，致敌重伤，使其脱手。（图5-7）

图5-7

三、化双锁喉（沉肘压臂）

【用法举例】

1. 敌左脚上步，两手虎口叉开，锁我咽喉。（图5-8）

图5-8

2. 我上体迅疾左旋，避其猛，卸其劲；同时，将右臂屈肘提起。（图5-9）

图5-9

3. 随即，我左手擒敌右掌背外扒；同时，右肘向下猛力砸压敌两臂，致敌锁手松离。（图5-10）

图5-10

第五章 武当太极化擒手

4.动作不停,我右肘顺势向右旋划,捣击敌右腮或耳门,致其疼痛失力。(图5-11)

图5-11

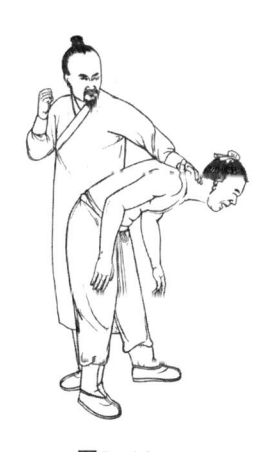

图5-12

5.接着,我迅速左转身约360°,左掌反砍敌左颈或耳门,化敌锁喉,致敌重创。(图5-12)

187

四、化后抓肩（撩裆推颌）

【用法举例】

1. 敌从我身后，用两手抓我两肩，欲行摔跌。（图5-13）

图5-13

2. 我迅疾向右转身；同时，右掌向后甩出，撩击敌裆，致其伤痛。（图5-14）

图5-14

3. 动作不停，我右掌弧形内收，向上推击敌面门，使其退身松手。（图5-15）

图5-15

五、化臂夹颈（扳脸抓裆）

【用法举例】

1. 敌从我左侧靠近，猛然用右臂缠夹我脖颈，其左手也辅之抓扣，欲置我于死地。（图5-16）

图5-16

2. 我急速将头向左旋转，紧紧抵敌腋部，以此缓解夹力，畅通呼吸；同时，我右手捞抓敌裆部，左手过其右肩上反扒其下颌，反击开始。（图5-17）

图5-17

3. 我两手同时用力提扳，迫敌向后仰身，使其夹势失力。（图5-18）

图5-18

第五章 武当太极化擒手

4. 动作不停,我左手扒敌下颌向下推按,致其松手后躺。(图5-19)

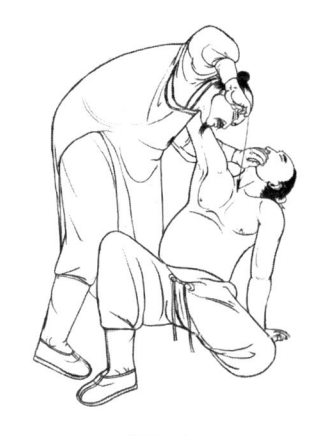

图5-19

5. 随后,乘机以右手对其痛击,可击喉,可击眼,可击耳,敌不伤不止。(图5-20)

图5-20

六、化前夹喉（撩裆撞膝）

【用法举例】

1. 敌以"断头势"从前夹我咽喉，两手合力，欲致我窒息。（图5-21）

图5-21

2. 我左手急速上起扳敌右腕，下颌尽力内收，畅通呼吸；同时，右掌猛力撩打或抓搦敌阴部，尽快致其伤痛。（图5-22）

图5-22

3. 随即，我趁敌被击松劲之际，左脚尖外摆，右脚向左前方一步，上体左转，背对敌方；同时，右手也上起抓敌右臂，两手拉开，破解夹喉。（图5-23）

图5-23

4. 动作不停，我左脚向右后插步，向左转体；同时，左手牵敌右腕向左上提，右手按敌后脑向下扒压，右膝提起猛劲撞击敌下颌或面门，致其重伤。（图5-24）

图5-24

七、化后扣头（跺脚仰头）

【用法举例】

1. 敌从我身后偷袭，两臂向前兜提我腋部，欲用两掌按我后脑，实施"按牛喝水"之招制我。（图5-25）

图5-25

图5-26

2. 我急速外张两肘，肩向后顶，抵抗其劲；同时，提起右脚，蓄势待发。（图5-26）

第五章 武当太极化擒手

3．右脚随即踏落，用脚跟猛力跺其右脚。（图5-27）

图5-27

4．动作不停，头部乘机突然后仰，撞击敌鼻梁。（图5-28）

图5-28

195

5. 敌负痛松手。不让敌逃，我迅疾左转，左肘向后扫击敌左腮或耳门，致敌重伤。（图5-29）

图5-29

八、化单拿腕（砍腕横肘）

【用法举例】

1. 敌左手抓我右腕，欲使招制我。（图5-30）

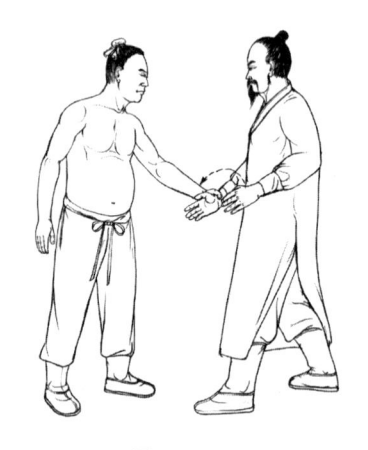

图5-30

第五章 武当太极化擒手

2．我迅疾起左掌砍击敌左腕；同时，右手猛向后挣，脱敌之抓。（图5-31）

图5-31

3．动作不停，我左脚前移，右臂屈肘向前横击敌左耳根，铁肘大力，锐不可当，一招绝之。（图5-32）

图5-32

197

九、化双擒腕（扳拳撬臂）

【用法举例】

1. 敌双手握拿我左腕，欲合力制我。（图5-33）

图5-33

2. 我迅疾前伸右手，从敌两手之间扳住自己左拳。（图5-34）

图5-34

3. 动作不停，我两手合力，猛地上收，与敌脱离，化解敌招。（图5-35）

图5-35

十、化翻拧臂（转身肘击）

【用法举例】

1. 敌双手抓我右腕，向后反拧，欲擒拿我臂。（图5-36）

图5-36

2. 我顺势左转，卸化其劲；左臂乘机屈肘，后扫敌左耳要害。既化解敌招，又给敌以重创。（图5-37、图5-38）

图5-37　　　　　　图5-38

十一、化翻扭臂（下坐踢裆）

【用法举例】

1. 敌左手擒我右手，右手拿我肘关节，反扭我臂，正欲发力。（图5-39）

图5-39

第五章　武当太极化擒手

2.我急速屈膝下坐，左掌按地，向右旋身，缓解被扭之苦。（图5-40）

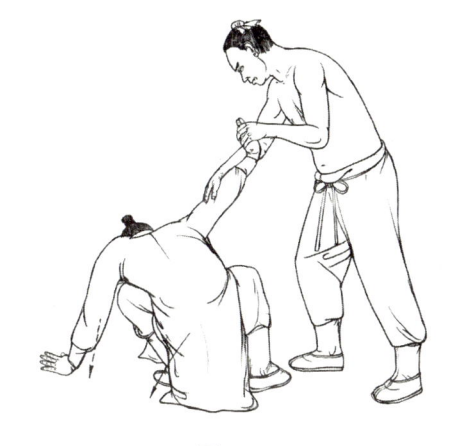

图5-40

3.随即，向右侧躺，右臂顺势外旋，卸化其劲；左肘撑地，仰身对敌。（图5-41）

图5-41

201

4. 动作不停，我猛提右脚，蹬踢敌裆，使敌受伤，负痛松手。（图5-42）

图5-42

十二、化前抓襟（扳肘压肩）

【用法举例】

1. 敌用右手抓我胸襟，欲使招制我。（图5-43）

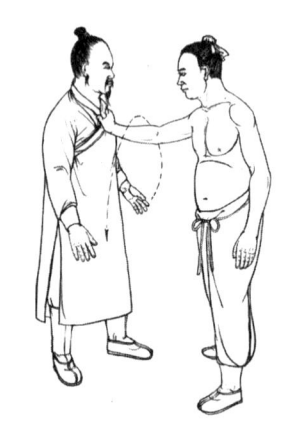

图5-43

2. 我迅疾起左手向右下划弧，用左腋夹压敌右腕。（图5-44）

图5-44

3. 随即，我左前臂向左上划弧，穿过敌右腋，下压敌右肩，左上臂上翘敌右肘肋力，致其抓襟松脱。（图5-45）

图5-45

图5-46

4.动作不停,我左手继续向下压按敌右肩,右掌拿敌右臂助力,反擒敌臂,分筋错骨。(图5-46)

十三、化后抱身(撩裆捣肘)

【用法举例】

1.敌从我身后偷袭,双手搂抱,连腰带臂。(图5-47)

图5-47

2. 我上身猛地向前一躬，右掌顺势向后撩打或抓拽敌裆。（图5-48）

图5-48

3. 随即，我上体右转，右肘向后猛劲捣敌右肋。（图5-49）

图5-49

4. 动作不停，我右脚跟迅疾向后撩踢，伤敌裆部，使敌负痛松手。（图5-50）

图5-50

图5-51

5. 接着，我右脚落地，右肘再次向后横扫敌右耳门。此招以打制擒，肘脚交加，反击连环，防不胜防，敌不但没能擒拿，而且连遭重击，非常实用。（图5-51）